拒絕內耗

人生很多事都「不值得」！

Reject internal friction

穩定情緒價值 × 理性從容心態……

學會與自己對話，不必活成別人期待的模樣！

寧可以 編著

◆ 你焦慮的，不過是一些「不值得」的事！◆

不執著過去、不焦慮未來、不拘泥眼前……
找回真實的自己，擁抱真正的「內心富足」！

目 錄

前言 … 005

第一章
以平常心看待人生，尋找真正的幸福 … 009

第二章
做最真實的自己，活出內心的自由 … 053

第三章
以善良與愛心豐富內在世界 … 103

第四章
寬恕與包容，讓人生更加順遂 … 137

第五章
懷抱感恩之心，創造真正的快樂 … 191

目錄

前言

　　現代人整天忙忙碌碌,「最近忙嗎」成了人與人見面時最為常見的問候語。

　　忙什麼呢?忙著起床,忙著趕車,忙著上班;忙著上學,忙著升職,忙著換工作;忙著接小孩,忙著做家事,忙著去旅行;忙著趕進度,忙著跑市場,忙著擴大企業規模⋯⋯總之,忙成了這個時代人們工作與生活的一大特質。

　　忙,無疑是勤奮的表現,是獲得成功的前提。每個人都想獲得成功,而獲得成功需要付出一定的努力,需要運用好自己的時間,不虛度時光,但這不代表每天都要忙得天昏地暗,成為工作機器;忙得忽略了家庭、親情、愛;忙得沒有娛樂,失去了生活樂趣⋯⋯處於如此狀態,使自己沒有了思考的空間,就只會讓自己的人生失去光澤,肯定也不會取得什麼成功。試想一下,一味地只知道忙,但卻不注意方向、方法的大忙人,肯定只會離成功越來越遠。

　　任何事物都具有兩面性,唯乎適度,做得恰到好處,才能發揮出最好的效果。現實中有不少人認為忙才是唯一,忙碌的生活才是有價值的生活,忙才能獲得價值感和認同感,

前言

以至於忙成為很多人引以為榮耀的生活態度,這其實是一大誤解。

大忙人可以分為兩種。有些人是忙在其中也樂在其中,忙碌使他們的生活非常充實。可有些人卻忙得疲憊不堪,忙得碌碌無為。前者是用心在忙,後者是用身在忙。這個世界上大多數人都用身在忙,所以每天都有人叫苦連天、埋怨不已。

我們每天所忙的一切都是為了使自己的生活過得更好,可是誰又真正問過自己過得是否幸福呢?當你行色匆匆地走在大街上,像個陀螺一樣旋轉得頭暈腦脹時,你可曾停下過腳步,靜下心來反省過當天的行程?就在我們把自己賣給生活,想以此換來幸福的時候,卻發現不僅沒有得到幸福,反而失去了自己。

有一個關於幸福起源的故事:上帝召集幾個天使開會,問祂們應該把幸福藏在哪裡,好讓人們透過努力才能得到。一個天使說藏到森林裡吧,另一個天使說藏在大海裡吧,但都被上帝否定了。最後,一個天使說,那就藏在人們的心裡吧!上帝聽後微笑地點了點頭。

如果幸福真的在我們的心裡,如果我們忙得把自己都丟失了,生活在別處,怎麼能獲得幸福呢?現代人最需要的是替內心「療傷」,因為你的忙碌,內心備受冷落,它已經在策

劃潛逃，逃離你的心靈，到時你就會成為一個被掏空的人，哪怕是幸福像雨一樣從天而降，你也絲毫都感受不到。

心因為忙碌而疲憊，幸福因為忙碌而錯過，這也許不是我們想要的結果！因此，請試著回歸自我，找回真正的自己吧！讓我們在每一個心思寧靜的片刻，仔細檢視內心的創傷與欠缺，用理性引導迷惑，用智慧點亮心燈。行色匆匆的大忙人們，當你感到身心疲憊，壓力重重，似乎有點透不過氣時，不妨散步一會兒，緩一緩匆忙的腳步，鬆一鬆緊繃的心弦，讓久在樊籠的心小憩一會兒。

當然，你也可以停駐在此，與你蕪雜的內心聊聊天，靜靜感受溫暖穿透心靈的力量。就在這裡，有你需要的東西，有你想揭開的答案，有你想知曉的謎底，有你的內心在等你……

前言

第一章
以平常心看待人生，尋找真正的幸福

在人的一生當中，精采和輝煌，歡笑與淚水，均隱於平淡中，現於一瞬間。人不可能永遠處於生命的巔峰或谷底，平淡才是長久的。所以，擁有一顆平常心，靜看世事滄桑，才能迸發出瞬間的精采；輝煌消失後，才能不被空虛占據。只有這樣，才有真正的自我，才有成熟的選擇，才有迎接挑戰的能力。誰能善待平淡，誰就能掌握住生活的真諦；誰能於平常中洞見真理，誰就是真正睿智之人。

第一章　以平常心看待人生，尋找真正的幸福

人生智慧藏於平凡之中

俄國偉大作家托爾斯泰（Tolstoy）曾經說過：「最偉大的真理是最平凡的真理。」追求是一種美好的情懷，漫漫人生，上下求索；平淡是一種人生的至美，繁華看盡，桎梏散落。

有人將生活比作年輪，在一圈圈的年輪中凝結了童年、愛情、工作等等。他說：「原本只想要一個擁抱，不小心多了一個吻，然後你發現需要一張床、一間房子、一段婚姻……，離婚的時候才想起：你原本只想要一個擁抱。」

其實，她說的不僅僅是婚姻，更是人生。

不難發現，隨便站在城市的某個角落，我們看到的都是行色匆匆的人群。房子、車子、金子……似乎每一樣都具有難以抗拒的魔力。於是，大多數人的人生都被物質塞得滿滿的，就連精神也如同上了枷鎖一般沉重。於是，越來越多的腳步變得沉重，不堪重負。

當不斷增加的建築，占據了我們的生活空間；不斷增多的欲望，占據了我們的內心；當人們習慣於時刻仰望那些被光環籠罩的人和物時，似乎無可選擇──我們只能不斷地追

逐。於是，我們都期盼站在人生的巔峰，俯視整個世界；期盼每一個掌聲、每一次嘉許，或者每一疊嶄新的鈔票。

繁華遮眼，夢想的翅膀無法承受過多的物質欲望。剎那芳華，轉瞬即逝。當我們汲汲於富貴功名時，那些最真、最善、最美的平凡，卻恰恰被忽略。其實，真正的力量，來自於我們平淡的生活；真正的感動，存在於我們早已習慣的每個細節之中。

融合了酸甜苦辣的人生百味，才是人生的至味。

人一生十之八九都在平淡中度過，平淡是我們生活中最主要的角色。平淡，不是淡而無味的度日，不是不求進取的渾噩，而是一種至高的人生境界。平淡，是絢爛的極致，正如大愛無聲一般，沁人心脾。

一位老和尚想從兩個徒弟中選一個當衣缽傳人。

一天，老和尚對徒弟說：「你們出去替我撿一片最完美的樹葉。」兩個徒弟遵命而去。

過了一會兒，大徒弟回來了，遞給師父一片並不漂亮的樹葉，說：「這片樹葉雖然並不完美，但它是我看到的最完整的樹葉。」

二徒弟在外面轉悠了半天，最終卻空手而歸。他對師父說：「我見到了很多很多的樹葉，但怎麼也挑不出最完美的一片。」

最後，老和尚把衣缽傳給了大徒弟。

貪婪、懦弱,甚至虛榮,都不是人性中最大的弱點,而對於完美的追求,則是人痛苦的根源。前者只是讓一部分人痛苦,後者幾乎讓所有人痛苦。人世間的許多悲劇,正是因為太多人追求原本就不存在的最完美的樹葉而忽視平淡的生活造成的。其實,平淡中往往蘊藏著許多偉大與神奇,關鍵是你應該以什麼樣的心態去體會。

蘇東坡說過:「大凡為文,當使氣象崢嶸,五色絢爛,漸老漸熟,乃造平淡。」

「老熟」包含的不僅是為文之道,也有人生閱歷在裡面。人年輕的時候很難平淡,如趕路的行者一般,只顧向著目標前進,而旁人的言論亦會左右他們的方向,影響他們的心境。而直到攀上了巔峰,才有時間和心思回顧一路上的風景,一路上的奔波,衍生出一種淡然的心境。所以,平淡更是一種胸懷。

人生的大戲不可能永遠處於高潮,平平淡淡才是真。擁有淡泊之心,便能撥雲見日,體會到生活的真正內涵。否則,只能在生活的邊緣徘徊,只能是捨本逐末。

平淡,不是消極地生活,而是一種百轉千折後的從容。當每天第一縷陽光的溫暖透過窗戶喚醒了你,這就是上帝賜予你最美好的禮物。就在此刻,何不讓疲憊的心靈在晨曦中輕輕地吟唱,讓勞役般的身軀獲得暫時的釋放;於平淡之中,感受愛與被愛的幸福,體會花開花落的寧靜。

接受自己，從容面對人生

一個真正懂得從生活經歷中不斷認識自己的人，才不會感到壓力和憂慮。一個人只有懂得接納自己，才能在學習、工作和生活中，享受每一次經歷的過程，並從中不斷成長。

走在人生的路上，似乎我們花費了過多的時間去打量這個繁華世界，卻很少有人真誠的審視自己。生活中，太多人因為他人的得失或喜或悲，太多人因為外界的變遷不斷抱怨。其實，與其如此倒不如把這些時間真正留給自己！

世界上沒有兩片完全相同的樹葉，人也一樣。我們唯一能做的，就是要正確了解自己，既看到自己的長處，也認知到自己的不足，為自己正確定位，這樣才能自信地迎接機遇與挑戰，替自己創造更多的成功和歡樂。我們一定要相信，天生我才必有用，只要我們正確了解自己，不失自知之明，就能譜寫出屬於自己的人生華美樂章。

艾倫‧黛絲從小就特別害羞，她的身材一直很胖，而她的臉使她看起來比實際還胖得多。因此，她從來不和其他的孩子一起做戶外活動，甚至不上體育課。她非常自卑，覺得

自己和其他人都不一樣，完全不討人喜歡。

長大以後，艾倫‧黛絲結婚了。丈夫一家人都很善良，對她也充滿了信心。但是他們為艾倫‧黛絲做的每一件事，都只會令她退縮。

艾倫‧黛絲變得越來越緊張不安，躲開了所有的朋友。艾倫‧黛絲覺得自己是一個失敗者，又怕她的丈夫會發現這一點，所以每次和丈夫一起出現在公共場合的時候，她都假裝開心，結果常常做得太過分。事後，艾倫‧黛絲都會為此難過好幾天。

有一天，艾倫‧黛絲經過一個籃球場的時候看見一個教練正在揮舞著拳頭，指揮著場上的運動員，並且不斷地大喊：「不管結果怎樣，你們一定要保持本色。」

「保持本色！」就是這句話，在一剎那間，使得站在球場附近的艾倫‧黛絲發現自己之所以那麼苦惱，就是因為她一直在試著讓自己適合於一個並不適合自己的模式。正是那個教練的一句話，改變了艾倫‧黛絲的整個生活。

從此，艾倫‧黛絲試著研究自己的個性及優點，盡自己所能去學習色彩和服裝方面的知識，盡量以適合自己的方式去穿著打扮，主動結交朋友，積極參加社團組織。那以後，艾倫‧黛絲像是完全變了一個人一樣，每天都過得很開心。

在教育自己的孩子時，她也總是把那句話教給他們：「不管結果怎樣，你們一定要保持本色。」

事實上,生活中存在很多像艾倫‧黛絲一樣的人。他們終生過著化裝舞會式的生活,他們戴上各種面具,希望避開他人的責難。他們把真實的自我深鎖在面具之後,把它當作令自己害怕的黑暗祕密。他們臉上所戴的面具,使自己遠離了真實的生活。

其實,人生苦短,何必要替自己戴上面具,力求表現完美呢?要知道,美絕對不是偽裝,而是真實的釋放。摘下面具,也就拋開了所謂的負擔。真實的人生,才是美的人生。

在生活中,用面具來掩飾自己的真面目,所承受的痛苦更令人難以忍受。因為戴上面具之後,我們就必須為了這個虛偽的東西,使本不完美的自己力求完美。所以說,為了痛痛快快地享受生活,我們還是應該摘下面具,保持自己真實的一面,讓真實的自己散發出獨特的魅力。

也許你是一位成功人士,事業有成,家庭幸福。可是有一天,一陣莫名的空虛突然侵襲了你,你瞬間感到自己無所依靠,從前所追求的一切一剎那都失去了價值。你就會忍不住把心自問:「我到底怎麼了?」

也許你一直平平淡淡,毫不引人注目,平庸麻木的生活早已消磨掉你的意氣和志向。然而,當你看到那些光鮮亮麗的成功人士時,依然會心存茫然。你也會忍不住問自己:「我到底怎麼了?」

正是對於自我的追尋,才能使你撥雲見日,看到真正的自我,使生活充滿價值。當這種力量足夠強大時,甚至會改變你的一生。

現實在粉碎我們理想的同時,也粉碎了我們對自己的夢。然而只要我們能接受真實的自己,客觀地對待自己,我們就能走向幸福。

快樂源自日常點滴，學會發現幸福

如果你期望得到真正的快樂，那就不要到遙遠的地方去尋找，不要到財富和名利中去尋找，也不要向別人媚顏乞求。因為，快樂從未離開，只是你不曾用心發現。

快樂是一種心境，每個人對快樂都有不同的定義。有人認為衣食無憂是一種快樂，有人認為事業有成是一種快樂，有人說夢想成真是一種快樂，而有些人則覺得精神自由才是真正的快樂。

快樂是我們每一個人都在不懈追尋的幸福，這種追尋日復一日，年復一年。然而，快樂的根源在哪裡，卻不是每一個人都能找得到的。因為對生活的不滿足，使我們的心一直都在流浪漂泊，從來沒有走在回家的路上——我們永遠不能真正做到知足常樂。因為世界上沒有任何東西，能滿足我們內心最深處的渴求。

我們想要活得輕鬆一些，就得凡事豁達一點，灑脫一點，不必把一點點小惠小利看得過重。而要達到這種超脫的境界，關鍵是在平常的生活中發現快樂。如果一心想著個人

享樂，貪戀錢欲、官欲，便無異於作繭自縛，不僅自己活得精疲力竭，還會危害他人。

快樂其實很簡單，只要你善於發現：媽媽的叮嚀帶給你的是快樂，而不是嘮叨；朋友的簡訊表達的是關懷，而不是廉價的問候；伴侶的付出傳遞的是愛戀，而不僅是習慣。可是，人的追求永遠不會滿足，永遠想要得到更好的。於是，當人們擁有了魚，還想要熊掌，即便二者兼得，也難以獲得快樂的感覺。

從前有一位富翁，名字叫魏橋。他非常有錢，卻從來沒有體會過真正的和全然的快樂。

他想：錢可以買到許多東西，為什麼卻買不到快樂呢？如果有一天我突然死了，留下一大堆錢又有什麼用呢？不如把所有的錢拿來買快樂，如果能買到一次全然的快樂，就是死也無憾。

於是，魏橋變賣了大部分家產，換成一小袋鑽石，放在一個特製的錦囊中開始旅行，到處詢問：「哪裡可以買到全然快樂的祕方？」他的詢問總是得不到令他滿意的解答。

有一天，魏橋聽說在偏遠的山村裡有一位智者，無所不知，無所不能。他就跑進村裡找那位智者，智者正坐在一棵大樹下閉目養神。

魏橋問智者：「智者！人們都說你是無所不知的，請問在哪裡可以買到全然快樂的祕方呢？」

「你為什麼要買全然快樂的祕方呢？」智者問道。

魏橋說：「因為我很有錢，可是很不快樂，這一生從未經歷過全然的快樂，如果有人能讓我體驗一次，即使只是一剎那，我也願意把全部的財產送給他。」

智者說：「我這裡就有全然快樂的祕方，但是價格很昂貴，你準備了多少錢，可以讓我看看嗎？」

魏橋把懷裡裝滿鑽石的錦囊拿給智者，沒有想到智者看也不看，一把抓住錦囊，跳起來，就跑掉了。

魏橋大吃一驚，過了好一會兒才回過神來，大叫：「搶劫了！救命呀！」可是在偏僻的山村根本沒人聽見，他只好死命地追趕智者。

他跑了很遠的路，累得滿頭大汗、全身發熱，也沒有發現智者的蹤影，他絕望地跪倒在山崖邊的大樹下痛哭。沒有想到費盡千辛萬苦，花了幾年的時間，不但沒有買到快樂的祕方，大部分的錢財又被搶走了。

魏橋哭到聲嘶力竭，站起來的時候，突然發現被搶走的錦囊就掛在大樹的枝椏上。他取下錦囊，發現鑽石都還在，一瞬間，一股難以言喻的、純粹的、全然的快樂充滿他的全身。

正當他陶醉在全然的快樂中的時候，躲在大樹後面的智者走了出來，問他：「你剛剛說，如果有人能讓你體驗一次全然的快樂，即使只是一剎那，你也願意送給他所有的財產，是真的嗎？」

第一章 以平常心看待人生，尋找眞正的幸福

魏橋說：「是眞的！」

「剛剛你從樹上拿回錦囊時，是不是體驗了全然的快樂呢？」智者問。

「是呀！我剛剛體驗了全然的快樂。」

智者說：「好了，現在你可以給我你所有的財產了。」

智者一邊說一邊從魏橋手中取過錦囊，揚長而去。

同樣，現實生活中有很多人像故事中的魏橋一樣，縱有萬貫家財，卻得不到一絲快樂。每個人都有選擇自己生活方式的權利，這本來無可厚非。但如果你讓無限膨脹的對財富的欲望，影響了你的健康、你的愛情、你的婚姻、你的家庭，讓自己整天為此疲於奔命，導致寢食難安，帶給自己無限的煩惱，那還何談快樂呢？

「一念之欲不能制，而禍流於滔天」。這是源自《聖經》的經典智慧。快樂若來自物欲的滿足，那將是短暫而不幸的。物欲沒有止境，人生就會永無寧日。為了滿足無休止的私欲，注定得與四周環境為敵。更有甚者，如果這種欲望變成了無法滿足的貪欲，那麼你也將成為欲望的奴隸。這種生活方式對你來說就太不值得了！

我們的生活忙碌而緊迫，悠閒的心情易失，常被愁苦所取代，倍覺人生是一片苦海且寬闊無邊。其實，人生必不可少之物是很少、也很便宜的。清楚了解這一點，我們就可以

活得更從容一些，不那麼整日忙碌，不那麼心浮氣躁。不管社會怎麼發展、競爭如何激烈，只要你具備一顆平常之心，追求一種平常生活，做到一生衣食無憂，就是件很簡單的事情。我們還可以騰出時間、精力來，有一些別的追求和享受。

絢爛與苦難都是我們生命中極少見的樂章，而平淡才是生活的主旋律。世上沒有不勞而獲的事，即便是快樂，也必須積極尋求，它並不會憑空而降。若我們只在本就極少的部分中尋尋覓覓，那快樂又怎會與你相逢？

只有發自心靈的快樂，才是永久而真實的。真正的快樂只是一種心態，一種你自己完全可以主宰的心態；真正的快樂只是一種境界，一種你可以親身領悟、自己進入的境界。

真正的快樂也需要「悟」，這悟出的快樂不在遙不可及的地方，就隱藏在看似尋常的每一天裡。當你堅定於這一點的時候，快樂將永遠伴隨著你。

第一章　以平常心看待人生，尋找真正的幸福

不為外物所動，內心保持平靜

生活永遠是多彩的，它融合了歡樂與悲傷、美好與醜惡、幸福與痛苦、順利與曲折、光明與黑暗……而令你喪失信念的，往往不是生活的苦難，而是患得患失的內心。

每個人的人生軌跡都是完全不同的，相同的只是組成這些軌跡的起起伏伏，坎坎坷坷。生活因多彩而迷人，而多彩的內涵是極其豐富的：悲喜交加，成敗相隨。

「寵辱不驚，看庭前花開花落；去留無意，望天空雲捲雲舒」。擁有這種不以物喜、不以己悲的心境，會使人生具有一種能屈能伸的彈性，而這種彈性，不但會讓你的人生安頓，也會幫助你在挫折中尋得再放光芒的機會。

我們每天都生活在得與失裡，有得就必有失。人生是無常的，一切的名與利都不是一成不變的，關鍵在於我們要調整好心態。當我們得到時，要好好珍惜；而失去時，要懂得看破及放下。其實，當我們失去時，往往也能從中吸取經驗及得到啟示，讓我們更好地成長，正所謂「經一事，長一智」。

一個青年因失戀而痛苦萬分，來到他與初戀情人相遇的河邊，準備了結自己的生命。恰逢一位老者經過，問他究竟是怎麼回事。

「我失戀了，」青年萬分沮喪地說道，「我非常愛她，她比我自己的生命還重要。我的夢想，我的期望，全都與她有關。沒有她，我活著也了無生趣，不如死了算了。」

「你們在一起多久？」老者問。

「三年，在這三年裡，我無時無刻不……」青年喃喃自語。

老者打斷了他的話：「那你能告訴我三年前，在還沒有遇到她的時候，你是怎麼過的嗎？」

青年的眼裡立刻泛出一絲光彩：「那時候，我每天都自由自在、無憂無慮地生活，每天我都會活力四射地努力工作。我覺得活著是那麼的美好，我有自己的奮鬥目標，我覺得渾身充滿了力量。可是現在，這些再也不會有了。」

「不，你當然可以擁有。」老者大聲說，「你看，命運是如此眷顧你，它又把你送回到了三年前，讓你依然可以自由自在、無憂無慮地生活，並可以繼續擁有自己美好的夢想，不是嗎？」

想一想果真如此，青年便放棄了尋死的念頭。

不僅僅是愛情，生活中還有很多美好的情感，充滿了我們的生命。即使在我們的生活中，也充滿了荊棘，但這些都是生活的必然，重要的是我們該以怎樣的心態去面對。

第一章　以平常心看待人生，尋找真正的幸福

春風得意時大可一日看盡長安花，閒雲野鶴之時也能獨對敬亭山；飛黃騰達時意氣風發、銳不可當，落魄潦倒時亦能心平氣和、寵辱不驚。這是一種大智慧，是臺上臺下都自在的堅韌，是寵辱不驚的淡然和灑脫，是能伸能屈的彈性。佛家勸人安於平淡，其實隱藏了極深的人生處世智慧。對一個明白佛理的人來說，能放下他人所不能放下的一切，是免去人生諸多煩惱的第一步。

從變幻的角度來看，世上任何東西不過是過眼煙雲。但是，從不變的角度來看，一切存在都是造物主的恩賜！那麼，親愛的朋友，我們為什麼不能保持一顆平常心，從容面對生活中的得失呢？

現實中，有的人一旦得到了上司的提升和信任，便備受鼓舞，恨不得使出渾身解數，興奮難掩驕傲之神色！這固然很好，可是有朝一日，人事變動或者旁生枝節，大部分人大概就難以忍受失去舞臺的落寞，選擇向隅而泣，日漸消沉，哀嘆命運不公，感慨自己時乖命蹇，最後成為一個憤世嫉俗者，以致一事無成。

坦然面對人生的變故和際遇的起伏，心平氣和地應對各種大大小小的角色，那麼，處處都是舞臺，處處都有精采。天道無私，有一得必有一失，所以奉勸朋友們莫說人生得失，倘若不認為得失事關至大，又何必去計較太多。

要有好心情，就要有平常心。在追求個人價值時不執意苛刻，不為名利地位所誘，不為慾壑難填而痴狂，不為遭遇挫折而沮喪，不為壯志難酬而傷感。有了心靜神安的境界和淡泊名利的情操，就能喚起我們體會美好的心境。

人生中有一道又一道的門檻，等待著我們去跨越；有一個又一個尋常的日子，等待著我們用生命的花朵去點染，去簇擁。保持一顆淡然的心，無論是含笑抑或含淚的每一天，都將鐫刻下我們深深淺淺的人生軌跡。

第一章　以平常心看待人生，尋找真正的幸福

得意時謙遜，失意時堅韌不屈

生活中有高潮也有谷底，對成敗得失保持一種豁達的態度，辯證地看待問題，就會少了許多挫折感，生活就會格外輕鬆愉快。畢竟，老話說得好：「塞翁失馬，焉知非福。」

人們對事物的認知和所要掌握的知識、技能是無限的，而一個人無論多麼聰明、多麼有才華，他的知識和本領也是非常有限的；一個人無論經驗多麼豐富，在錯綜複雜的客觀環境面前，認知和處理也難免會有失誤。

古人云：「帆只揚五分，船便安；水只注五分，器便穩。」心，能使我們保持頭腦的冷靜和思索的敏銳，最大限度地了解困難和不利條件，為整體成功創造有利因素。虛心，能使我們具有涵養和修養，為順利打通成功之路創造條件；能使我們具備豐富的知識，保持不斷進取的堅韌精神。

孔子帶領學生到魯桓公的祠廟裡參觀的時候，看到了一個可用來裝水的器皿，形體傾斜地放在祠廟裡。

孔子便向守廟的人詢問道：「請告訴我，這是什麼器皿呢？」守廟的人告訴他：「這是欹（ㄑㄧ）器，是放在座位右

邊，如座右銘一般用來伴坐的器皿。」孔子說：「我聽說這種用來裝水的伴坐器皿，在沒有裝水或裝水少時就會歪倒；水裝得適中，不多不少的時候就會是端正的；裡面的水裝得過多或裝滿了，它也會翻倒。」

說著，孔子回過頭來對他的學生們說：「你們往裡面倒水試試看吧！」學生們聽後舀來了水，一個個慢慢地向這個可用來裝水的器皿裡灌水。果然，當水裝得適中的時候，這個器皿就端端正正地豎立在那裡。不一會兒，水灌滿了，它就翻倒了，裡面的水不斷地流了出來。再過了一會兒，器皿裡的水流盡了，就傾斜了，又像原來一樣歪斜在那裡。

這時候，孔子便長長地嘆了一口氣說道：「唉！世界上哪裡會有太滿而不傾覆翻倒的事物啊！」

狂妄與無知常常連伴隨在一起，俗話說：「鼓空聲高，人狂話大」。凡是狂妄的人，都過高地估量自己，過低地評價別人。他們口頭上無所不能，評人論事誰也看不起，總是這個不行，那個不行，只有自己最行；在他們眼裡，自己好比一朵花，別人都是豆腐渣。例如，有的人讀了幾本書，就以為才高八斗，學富五車，無人可比，現時的文學大家、科學巨匠通通都不在話下；有的人學了幾套拳腳，就自以為武藝高強，身懷絕技，到處稱雄，頗有打遍天下無敵手的氣勢；有的人演過一兩部電影，就自以為演技超群，名揚四海，儼然是當代影視圈中最耀眼的明星……狂妄的結局只能是自毀和失敗。

第一章　以平常心看待人生，尋找真正的幸福

因得意而失態，因得意而失敗，這樣的例子在生活中少見嗎？即便我們成功在握，也應該虛心以待。虛心是在堅信自己力量時表現出的寬廣胸懷。虛懷若谷的人，往往是知識淵博、成功係數最大的人。表面上的謙卑，受制於環境的虛心，這是無濟於成功的。因此，虛心是成功的第一塊基石。唯有真正的虛心，才是成功的條件。

一個能夠在一切事情與他相背時微笑的人，表明他是勝利的候選者，而這是普通人不能夠做到的。學會在逆境中微笑，你的人生將從微笑中汲取養分，一點點的發生改變！

在你感覺到憂鬱、失望時，當你努力改變環境時，不要反覆想到你的不幸，不要多想目前使你痛苦的事情，要想那些最愉快最欣喜的事情，要以最寬厚最親切的心情對待人，要說那些最和藹最有趣的話，要以最大的努力來釋放快樂。

把失意在數分鐘之內驅逐出心田，這對於一個精神狀態良好的人來說是完全可能的。但是，大多數人的缺點就在不肯敞開心扉，讓愉快、希望、樂觀的陽光照進來，相反卻是緊閉心門，想以內在的能力驅除黑暗。他們不知道一縷陽光的照射會立刻消除黑暗，驅除那些只能在黑暗中生存的心魔！

在克里米亞戰役的一次戰事中，一顆砲彈把戰區裡一座美麗的花壇炸毀了。但是在被砲火所炸開的泥縫中，卻忽然

發現一道泉水在噴射。從此以後,這裡就成了一個永久不息的噴泉。同理,不幸與憂苦也能將我們的心靈炸破。但在那炸開的裂縫中,同樣也會有豐富的經驗、新鮮的歡愉奔騰不息地噴射出來!有許多人不到窮困潦倒,就不會發現自己的力量。災禍的磨難反而能幫助我們發現「自己」,一切困苦和阻礙彷彿是將我們的生命淬鍊成「美好」的鐵錘與斧頭。正是不斷出現的失意,才能使一個人變得堅強,變得無敵。

所謂失意,不過是大海裡的一些浪花。如果你想體驗到驚濤拍岸的奇觀,你就得投身大海,乘風破浪去搏擊。因此,在經歷了種種打擊和挫折後,我們應該對那些「失敗」滿懷敬意與感激。如果沒有「失敗」的磨礪,又怎會珍惜自己的所得?

第一章　以平常心看待人生，尋找真正的幸福

做人淡然從容，做事積極進取

　　平常心是進取心的前提和基礎，進取心則是平常心的延伸和體現。只有保持一顆不卑不亢、平和淡定的平常心，才能煥發出持之以恆、奮發向上的進取心。以平常心做人，以進取心做事，這既是做人與做事的標準，也是做人與做事的訣竅。

　　都說要保持平常心，究竟什麼是平常心。有些人將平常心理解為「無所謂」、「玩一玩」、「隨他去」的心態，這顯然是對平常心消極、錯誤的理解。平常心是基於對人生的深刻思考後，持有的對生活的一種淡定的態度，這種淡定需要有底蘊和自信，既不清心寡欲，也不聲色犬馬；既不自命清高，也不妄自菲薄；既不吹毛求疵，也不委曲求全。

　　平常心是一個人取得成功的必備品格之一，不管你現在多麼成功，都要保持一顆平常心。一個人具備平和的心態，就能夠經得起順境與逆境的考驗，得意時不忘形，失意時不放棄。

　　擁有平常心的人，沉著冷靜、脾氣溫和，似乎已超越世

俗紛爭，不輕易與人爭，但也不會輕易放棄自己的理想。他們生活態度積極，樂觀向上，為人處事低調，平和風趣，與之相處，是一種樂趣，平常心是他們擁有幸福快樂的法寶。

民國的弘一法師（李叔同）總結自己一生的經驗告訴人們：以入世之態度做事，以出世之態度做人。這裡的「出世」就是平常心，「入世」就是進取心。這兩句話的意思是說：做人要有平常心，要有一種超然的態度；做事要有進取心，不管做什麼事，或想做什麼事，都要有一種見賢思齊、知難而進、奮發向上的積極心態。

平常心可以讓我們生活得平靜安詳，而進取心則是一個人取得成功的基礎，也是一個人成就夢想的動力。

「我想進入NBA！」

到NBA去打球，是每一個美國少年最美好的夢想，他們渴望像喬丹一樣飛翔。當年幼的波古斯（Muggsy Bogues）說出自己的夢想時，同伴們都笑彎了腰。波古斯的身高只有160公分，對於成年男性來說，這樣的身高是偏矮小的。以他這樣的身高想進入平均身高200公分左右的NBA裡，充其量只是一個小不點。

但是，波古斯沒有因為別人的嘲笑而放棄自己的夢想。「我熱愛籃球，我決心要進NBA。」他把所有的空閒時間都花在籃球場上。其他人回家了，他仍然在練球，別人都去沐浴夏日的陽光，他卻堅持在籃球場上練習。

第一章 以平常心看待人生，尋找真正的幸福

他每天都提醒自己：「我要到NBA去打球。」他讓自己的血液裡都流淌著進取的精神。他深知，像他這樣的身高，想進入NBA必須得有自己的絕活。他努力鍛鍊自己的長處：像子彈一樣迅速，運球不發生失誤，比別人更能奔跑。

皇天不負苦心人，波古斯被夏洛特黃蜂隊選中，成了NBA中的一員。

波古斯是夏洛特黃蜂隊中表現最優秀、失誤最少的後衛隊員，他常常像一隻小黃蜂一樣滿場飛奔。他控球一流，遠投精準，在巨人陣中他也敢帶球上籃。而且，他是整個NBA中抄截最多的隊員。

波古斯是NBA中有史以來創紀錄的矮個子。他把別人眼中的不可能變成了現實。波古斯曾經自豪地說：「我的血液中流淌著進取的精神，所以，我能實現我的夢想。」

進取，是一種永不停頓的滿足，是一種創造。擁有進取心的人不會輕易接受命運的安排，他們不沉迷於過去，不滿足於現在，而是著眼於未來。這類人沒有悲觀、絕望的心態，他們堅強、勤奮、無畏，勇敢地與命運抗爭。一個有著進取心的人，命運也會向你低頭，他們將超越平庸，超越自我。進取是一種對人生的熱愛，對生活的熱情，而其基點就在於對人生價值的理解。

平常心做人，進取心做事。平常心是進取心的前提和基礎；進取心則是平常心的延伸和體現。只有做到了這一點，

我們才能享受生活、工作為我們帶來的成功與快樂。以平常心做人，以進取心做事，這既是做人與做事的標準，也是做人與做事的訣竅。

當我們擁有了一種平和而又不失進取的心，我們才能夠在這個複雜的社會中找到堅持，在芸芸眾生中找到自我，努力實現心中理想，只有這樣，我們才能感受到生活、工作、奮鬥為我們帶來的成功與快樂。

以簡單的心，駕馭複雜的人生

想從喧囂煩擾的塵世中解脫，或許只有將生活化繁為簡，並以簡單透澈的心態面對人生。

簡單、平和的心態，對於有志成就大事的人是必不可少的。

以一顆平常心對待所遇世事，自然會少了許多煩惱。平常心可以抵擋許多不良情緒，比如傲慢、驕橫、自大等。

世界上沒有複雜的事情，只有複雜的心靈和黑洞般沒有邊際、不知深淺的欲望。這就像一棵樹，盯著看是許多的枝，枝上是無數的葉。再從遠處看，它只是一棵樹而已。生活中的一切都是可以化繁為簡的，從大局著眼就可以去除繁蕪，露出簡單輪廓，就如同所有正誤判斷問題都只有兩個答案：對或者錯。

簡單是一種積極、樂觀、向上的生活態度：對就對了，錯就錯了；愛就愛了，恨就恨了；笑就笑了，哭就哭了。簡單就是要學會捨棄。這也要，那也想，須知我們的雙肩載不動那麼多欲望，如同小鳥的翅膀背負了太多的重物就飛不起來一樣。

有一次，一位友人邀請弘一法師同往浙江上虞白馬湖小住幾天。弘一法師的行李很簡單，鋪蓋是用破舊的草蓆包裹的。到了白馬湖，他自己打開鋪蓋，先把那張破草蓆鋪在床上，攤開了被子，再把衣服捲了幾件當枕頭，然後拿出一條又黑又破的毛巾走到湖邊洗臉。

友人說：「這毛巾太破了，我替你換一條好嗎？」

「哪會！還很好用的，和新的也差不多。」說著，他把那條毛巾鄭重地展開來給友人看，表示還不十分破。

弘一法師是過午不食的。第二天午前，友人送了菜去，在桌旁坐著陪他。碗裡所有的只是些蘿蔔、白菜之類。弘一法師喜悅地把飯送入口中，小心翼翼地用筷子夾起一塊蘿蔔，那種滿足的神情，真使人見了要流下慚愧的淚水！

第三天，有另一位朋友送了四樣菜來。其中有一碟菜非常鹹。

友人說：「這菜太鹹了！還是別吃了。」

弘一法師說：「哪會！鹹的也有鹹的滋味，也滿好的！」吃完飯後，弘一法師倒了一杯白開水喝。

友人問：「沒有茶葉嗎？怎麼喝這平淡的開水？」

弘一法師笑著說：「開水雖淡，淡也有淡的味道。」

在弘一法師看來，世間竟沒有不好的東西，一切都好。破舊的蓆子好，破毛巾好，白菜好，蘿蔔好，鹹苦的菜好，白開水好。什麼都好，什麼都有味，什麼都了不得。他用他

的人生告訴我們：平平淡淡、簡簡單單才是真，何必那麼浮華。

弘一法師在未出家前，風流倜儻過，歌舞繁華過，他出家後的體會已經超越了鹹淡的分別。在寧靜平淡的環境中，才能發現人生的真正境界；在粗茶淡飯的清貧生活中，才能體會人性的真實面目。

人的一生似乎都在尋尋覓覓，尋找永恆不變的幸福，尋找功蓋千秋的成功。人們為此終日勞苦，行色匆匆。然而對於很多人來說，也許到了生命彌留之際，都找不到自己想要找的東西。其實，非凡的人生源於簡單的生活。當生活真正簡化，你就會有時間和精力從事喜歡的工作，並為之奮鬥。

想從喧囂煩擾的塵世中解脫，或許只有將生活化繁為簡，並以簡單透澈的心態面對人生。古人云：「文章做到極處，無有他奇，只是恰好；人品做到極處，無有他異，只是本然。」人類的偉大就隱藏在很多平凡的小事中，當你為追尋崇高而不屑平凡時，你也許已經將自己身上的某些崇高品格丟棄了。

也許，你沒有輝煌的業績可以炫耀，沒有大把的鈔票可以揮霍，但你擁有一份淡泊、一份簡單，這是人生求之難得的幸福。諸葛亮有言：「非淡泊無以明志，非寧靜無以致遠。」淡泊是一種真我。

人生其實可以很簡單：原來獲得賞識很簡單，養成好習慣就可以了；原來培養孩子很簡單，讓他吃點苦頭就可以了；原來掌握命運的方法很簡單，遠離懶惰就可以了；原來脫離沉重的負荷很簡單，放棄固執成見就可以了；原來快樂很簡單，欲望少一點就可以了⋯⋯

天地有大美，於簡單處得；人生有大疲憊，於複雜處藏；生活中有大情趣，定是生活簡單；生命中的大愉悅，定是心靈純淨不複雜。

與其沉湎過去，
不如把握當下、迎向未來

我們每一個人都應當謹記：昨天就像使用過的支票，明天則像還沒有發行的債券，只有今天是現金，可以馬上使用。今天是我們輕易就可以擁有的財富，無度的揮霍和無端的錯過，都是對生命的一種浪費。

當生活變得鬱悶難受的時候，當警報把你推向萬丈深淵和無限煩惱的時候，你便十分渴望逃避令人難以忍受的現實，這是很自然的事情。於是，你開始做白日夢，回憶起過去某一段終身難忘的時光，那時的生活似乎沒有現在這麼複雜。

諸如此類的暫時性逃避，在解除我們的精神緊張方面也許很有益處。但是，持續不斷地靠懷念過去來逃避現實，逃入往事的回憶之中，卻是一種無益的習慣，其結果往往是使人逃避成熟的思考，而進入一種虛無縹緲的幻想境界。

總是沉湎於過去的人，不是聰明的人。現實生活越有不如意之處，這種人對「過去的大好時光」懷念得越厲害，對那

些日子構想得越虛幻。如果這種習慣變成一種固定的模式，我們的思想可能就會常常虛妄不實，因此會感到孤單、寂寞。要想擺脫這種孤單和寂寞，最好的辦法就是將過去留在記憶裡，重新開始自己新的生活。

一個夏天的下午，在紐約的一家餐廳裡，奧里森‧柯爾在等待著，他感到沮喪而消沉。由於他在工作中有幾個地方出錯，使他沒有做成一個相當重要的專案。即使在等待見他一位最珍視的朋友時，也不能像平時一樣感到快樂。

柯爾的朋友終於從街那邊走過來了，他是一名了不起的精神科醫生。醫生的診所就在附近，柯爾知道那天他剛剛和最後一名病人談完話。

「怎麼了，年輕人，」醫生不加寒暄就說，「什麼事讓你不開心？」對醫生這種洞察心事的本領，柯爾早就不意外了，因此他就直截了當地告訴醫生使自己煩惱的事情。然後，醫生說：「來吧，到我的診所去，我要看看你的反應。」

醫生從一個硬紙盒裡拿出一卷錄音帶，塞進錄音機裡。「在這卷錄音帶裡，一共有三個來看診的人所說的話。當然，我沒有必要說出他們的名字。我要你注意聽他們的話，看看你能不能找出支配了這三個案例的共同因素，只有四個字。」他微笑了一下。

在柯爾聽起來，錄音帶裡這三個聲音共有的特點是不快樂。第一個是男人的聲音，顯示他遭到了某種生意上的損失或失敗。第二個是女人的聲音，說她因為照顧寡母的責任

感,以至於一直沒能結婚,她心酸地述說她錯過了很多結婚的機會。第三個是一位母親,因為她十幾歲的兒子和警察有了衝突,她一直在責備自己。

在三個聲音中,柯爾聽到他們一共六次用到四個字——「如果」和「只要」。

「你一定大感驚奇,」醫生說,「我坐在這張椅子上,聽到過成千上萬用這幾個字作開頭的內疚的話。他們不停地說,直到我要他們停下來。有的時候我會要他們聽剛才你聽的錄音帶,我對他們說:『如果,只要你不再說如果、只要,我們或許就能把問題解決掉!』」

醫生伸伸他的腿,繼續說:「『如果,只要』這四個字的問題,是因為這幾個字不能改變既成的事實,卻使我們朝著錯誤的方向,向後退而不是向前進,並且只是浪費時間。最後,如果你用這幾個字成了習慣,那這幾個字就很可能變成阻礙你成功的真正障礙,成為你不再去努力的藉口。」

「現在就拿你自己的例子來說吧。你的計畫沒有成功,為什麼?因為你犯了一些錯誤。那有什麼關係!每個人都會犯錯,錯誤能讓我們學到教訓。但是在你告訴我你犯了錯誤,而為這個遺憾、為那個懊悔的時候,你並沒有從這些錯誤中學到什麼。」

「你怎麼知道?」柯爾帶著一絲辯護的口吻說。

醫生說:「因為你沒有脫離過去,你沒有一句話提到未來。從某些方面來說,你十分誠實,你內心裡還以此為樂。

我們每個人都有一點不太好的毛病,喜歡一再討論過去的錯誤。因為不論怎麼說,在敘述過去的災難或挫折的時候,你還是主要角色,你還是整個事情的中心人物……」

在醫生的開導下,柯爾終於意識到,自己沉浸在過去錯誤的陰影中,還沒有真正走出自我,並且一定要用積極上進的態度去改變現在的處境。醫生告訴柯爾,他得了嚴重的「懷舊病」,而採用「如果、只要」這類字眼是「懷舊病」的重要特徵。

應該說,一個人適當懷舊是正常的,也是必要的,但是一味地沉湎於過去而否認現在和將來,就會陷入病態。得了這種「懷舊病」的人,會喪失追尋新生活的自信。我們常聽到人們如此哀嘆:要是就好了!這是一種明顯的懷舊情緒,而且我們每個人都會不時地發出這種哀嘆。事實上,這種沉重的情緒是徒勞無益的,它不但不能改變你的過去,反而會影響你現在所做的一切。

那麼,怎樣做才能讓自己避免患上「懷舊病」呢?最重要的一種方法就是轉變重點,用振奮的詞句取代那些令人退縮的洩氣話。比如不要再用「如果、只要」,而用「下次」來代替。因為「如果、只要」的態度只能使人遲鈍而不能使人振奮,而「下次」卻表示對時間積極的、勇敢的出擊態度。排除「如果、只要」的觀念,採取「下次」的看法,你就會有把事情做到最好的能力,而且不論什麼挫折都不能阻礙你的前進。

第一章　以平常心看待人生，尋找真正的幸福

　　做完每一天的事，就讓這一天過去吧！你已經盡力了。當然你可能會有一些錯誤的、荒誕的事，但不要總是懷念過去，要盡快地把這些事忘掉。明天又是新的一天，好好地、平和地，並且以不為過去無聊的事所阻礙的積極精神來開始這一天，這新的一天才是最好、最美的一天。這一天帶著希望和新的事物，真是太寶貴了，因此你連一刻都不可以浪費。以前的事情或許是美好的，或許是悲哀的，但無論如何你都不能把它們放在心靈的主祭臺上，因為你不可能走進歷史。

　　我們每一個人都應當謹記：昨天就像使用過的支票，明天則像還沒有發行的債券，只有今天是現金，可以馬上使用。今天是我們輕易就可以擁有的財富，無度的揮霍和無端的錯過，都是對生命的一種浪費。

　　古希臘詩人荷馬曾經說過：「過去的事已經過去，過去的事無法挽回。」的確，無論昨日的陽光再美，對於今天都已是無益。我們又為什麼不好好把握現在，珍惜此時此刻的擁有呢？為什麼要把大好的時光浪費在對過去的悔恨之中呢？

　　這世上再沒有什麼能比今天更真實了。即使能回到從前，也會有太多的遺憾，就像一個早已癒合了的傷口，又被我們重新揭開。那些我們無法改變的事實，那些我們無力填補的空白，都是因為我們當初錯過了「今天」的結果。或許，

回不到從前，那聲啼哭才更具撼人心魄的力量；或許，回不到從前，那段逝去的童年才會更令人神往；或許，回不到從前，那場沒有結果的初戀才能成為你生命之樹上的永恆花朵；或許，回不到從前，那次沒有任何徵兆的錯誤才成為你今天改正的動力⋯⋯

不要迴避今天的真實與瑣碎，走腳下的路，唱心底的歌，把頭頂的陽光編織成五彩的雲裳，遮擋風霜雨雪。每一個日子都向人們敞開，讓花朵與微笑回歸你疲憊的心靈，讓歡樂成為今天的中心。如果有荊棘刺破你匆匆的腳步，那也是今天最真實的痛苦。

人一留戀過去，麻煩就大了。本來簡單的事成為複雜，本來複雜的事變得更複雜。我們應該不以過去為然，但也不以過去為恥！佛陀說「過去心不可得」，是說過去心已失，絕不會再現。人生中有一些極美、極珍貴的東西，如果不好好留心和把握，便會失之交臂，甚至一生難得再遇、再求。千萬不要在不經意間錯過可能是你一生最重要的東西。

希望你能面帶微笑迎接今天，用自己的手拂去昨天的狂熱與沉寂，用自己的手推開明天的迷霧與霞輝，用自己的手握住今天的沉重與輕鬆。把迎風而舞的好心情留在今天，把若隱若現的陰影也留給今天。

第一章　以平常心看待人生，尋找真正的幸福

坦然面對人生的起伏變化

某知名寺院有這樣一副對聯：「非名山不留仙住，是真佛只說家常。」這就是告訴我們，要想在生活中感受快樂和幸福，就要多些平常心，保持平和的心態。

據資料顯示，心理健康的重要因素就是情緒穩定，情緒穩定可以保持心理上的平衡，有益於身體健康。因為人的心理活動與人的生理功能之間存在著密切的內在連繫，心態平和這種良好的情緒可以使生理處於最佳狀態。反之，如果經常煩躁纏身，氣惱填胸，就會使機體內生理功能發生紊亂，引發疾病。

明代還初道人洪應明在《菜根譚》中有一則流傳甚廣的聯語：「寵辱不驚，閒看庭前花開花落；去留無意，漫隨天外雲捲雲舒」。清朝的金纓在《格言聯璧》中曾作出「得意淡然，失意泰然」的精闢評述。無疑，他們是想告訴人們不要看重名利，用平靜的心去對待一切事物，這樣可以活得心態平和。

我們的生活如同一次漫漫的旅程，終點是相同的，不同的是一路的風景。有些人過於流連路途上的美景，在失去時

坦然面對人生的起伏變化

難免失落傷懷;有些人整天埋怨自己的路途平淡無奇,難以釋懷。其實生活本身很簡單,只要你能在聞達時不要過分歡喜,在落魄時不要過於悲傷,從容看待這世界的沉沉浮浮便可。

有個人一生碌碌無為,窮困潦倒。一天夜裡,他實在沒有活下去的勇氣了,就來到一處懸崖邊。準備跳崖自盡前,他嚎啕大哭,細數自己遭遇的種種失敗挫折。

崖邊岩石上生有一株低矮的樹,聽到這個人的種種經歷,也不覺流下眼淚。人見樹流淚,就問道:「看你流淚,難道也跟我有相似的不幸嗎?」

樹說:「我怕是這世界上最苦命的樹了。你看我,生在這岩石的縫隙之間,食無土壤,渴無水源,終年營養不足,形貌醜陋,風來欲墜,寒來欲僵,生不如死呀!」

人不禁與樹同病相憐,說:「既然如此,為何還要苟活於世,不如隨我一同赴死吧!」

樹說:「我死倒是極其容易,但這崖邊便再無其他的樹了。你看到我頭上這個鳥巢沒有?此巢為兩隻喜鵲所築,一直以來,牠們在這巢裡棲息生活,繁衍後代。我要是不在了,那兩隻喜鵲可怎麼辦呢?」

人聽罷,忽有所悟,就從懸崖邊退了回去。

平和的心態會在關鍵處會給人力量。用平和的心態來對人對事,會想得開,不斤斤計較,不計較生活中的得失。淡

泊平和，就會擁有一份好的心情，一份好的心境。孔子說過：「仁者不憂，智者不惑，勇者不懼」。這句話告訴我們，一個人如果太在乎得失，不會有開闊的心胸，不會有坦然的心境，也不會有真正的勇敢。

人生之路艱辛跋涉，生活中充滿著矛盾，人們都希望自己沒有浮躁，沒有煩亂，沒有鬱悶，沒有惆悵，保持心態平和，主要靠個人對自己心態的掌握。心靈的成熟是擁有平和心態的關鍵。在生活中要能夠做到提得起、放得下、想得開、看得清，顯示出不驕不躁、不卑不亢、不迷不餒、不偏不激的人生態度，方能在處理各種問題面前從容自如。

人生中，精采和輝煌隱於平和淡然中。平和淡然才是長久的，安於平淡，才能累積出瞬時的精采。輝煌消失後，要安心復歸於長期的平淡。只有這樣，才有真正的自我，才有成熟的選擇，才有迎接挑戰的能力。

平淡中見奇趣，淺近中具哲理，這是一種十分超脫的人生態度。這個世界有太多的誘惑，一個人需要以清醒的心智和從容的步履走過歲月，他的精神中必定不能缺少平和。雖然我們都渴望成功，渴望生命能在有生之年劃過優美的軌跡，但我們需要的是一種平平淡淡的快樂生活，一份實實在在的人生閱歷。這種成功，不必努力苛求轟轟烈烈，不一定要有那種「揭天地之奧祕，救萬民於水火」的豪情，只是一份

平平淡淡的追求。但,這就足矣!

　平和的心態就是尊重規律規則和客觀現實,不高估或低估自己的能力,喜怒不形於色,勝敗不縈於心。順其自然,遠離僥倖、虛妄心理,不苛求事事完美。

第一章　以平常心看待人生，尋找真正的幸福

簡單生活，才是最純粹的幸福

　　簡單生活能讓我們拋卻浮華，達到心境的寧靜致遠；簡單生活能讓我們跨越平庸，煥發生命的無限張力。簡單生活，就能輕易體驗到真正的幸福。

　　每個人都在尋覓幸福，美國人甚至把獲得幸福的權利寫入憲法，而人人又困惑於什麼是真正的幸福，就連哲學家也無法替幸福下一個準確定義。其實幸福沒有統一的答案，也沒有一定的模式。諸葛亮說：「淡泊以明志，寧靜以致遠」。西方諺語中也有同樣精采之句：「最大的快樂產生於最簡單之中」。

　　生活中簡單的幸福無處不在，只是我們缺乏感知幸福的心靈。無論在什麼樣的環境裡，只要擁有一雙善於發現幸福的眼睛，幸福就無處不在。即使在貧困地區，難民過著缺衣少食的生活，但早餐時的一碗清粥和一碟清淡的小菜，對他們來說也是一種簡單的幸福。

　　幸福的內涵必須用自己的心靈去捕捉。一個人需求越少，得到的自由也就越多。正如梭羅所說：「所謂的舒適生活，不僅不是必不可少的，反而是人類進步的障礙，有識之

士更願過比窮人還要簡單和粗陋的生活。」

簡單的生活有利於清除物質與生命本質之間的樊籬，讓我們認清生命中哪些是應當擁有的，哪些是必須丟棄的。美國作家莉薩·普蘭特也曾說：「幸福來源於簡單生活。簡單其實是一種全新的生活哲學，當我們用一種新的視野觀察生活、對待生活，就會發現簡單的東西才是最美的。」簡單，是回歸內在自我的唯一途徑。

有一天，一個人來到神面前祈禱：「萬能的神呀，請您賜予我幸福吧！」

神慈祥地望著他，說道：「我的孩子，你今年多大了？」

那人答道：「萬能的神啊，我今年60歲了。」

神感到有些奇怪：「60年來你難道從沒幸福過嗎？」

那人搖搖頭，回答道：「我10歲的時候不懂幸福，20歲時忙著追求學問，30歲時拚命賺錢購房買車，40歲時為升遷與高薪而努力，50歲時整天為孩子的前途奔波，60歲時四處求醫問藥醫治可恨的病痛。」

神嘆了一口氣，說道：「我可憐的孩子，我真的欠你太多的幸福。我將賜予你幸福，可是你的內心充滿了名利、煩惱、勞累與仇恨，孩子，你將在哪裡安置我賜予你的幸福？」

那人恍然大悟，他拋棄了名利、煩惱、勞累與仇恨……最後，他成為一位智者。

第一章　以平常心看待人生，尋找真正的幸福

　　幸福其實是很簡單的東西，只要你把一切不屬於它的全都放下，它就會來到你身邊。如果一個人的心靈不複雜，那麼就可以輕易地獲得幸福。口渴時一泓清涼的泉水，寒冷時一縷溫暖的陽光，都能帶給人幸福感。或許一些欲望很多的人把這些都看成是天經地義的，他們習慣於將上天的恩賜與人生中的幸運視為理所當然，只有在把自己執著追求的東西追到手後才有一絲快感，他們的幸福顯然距離真正的幸福非常遙遠。

　　我們總是把擁有物質的多少、外表形象的好壞看得很重，用金錢、精力和時間換取一種有目共睹的優越生活，卻沒有察覺自己的內心在一天天枯萎。事實上，只有真實的自我才能讓人真正容光煥發，當只為內在的自己而活，並不在乎外在的虛榮時，幸福才會潤澤我們乾枯的心靈，就如同雨露滋潤乾涸的土地。

　　在生活中，我們經常會看到這樣的畫面：一群穿著平常的農民或工人，面對藍天，隨隨便便地躺在路邊歇息，他們面帶著單純的微笑，是發自心靈深處的那種，明亮而璀璨。也許他們自己連幸福是什麼都不知道，然而生活中真正快樂的，卻是這麼一群簡單的人。他們沒有時間去多愁善感；他們愛著，卻不懂怎麼詮釋愛；他們滿足著，因為他們沒有奢望生活過多的給予；他們簡單著，因為他們不用在人前掩飾什麼。這就是窮人的浪漫，簡單的幸福。

簡單生活追求這樣的目標：多一分舒暢，少一分焦慮；多一分真實，少一分虛假；多一分快樂，少一分悲苦。外界生活的簡樸將帶給我們內心世界的豐富，從而發現新生活在我們面前敞開。我們將變得更敏銳，能真正深入、透澈地體驗和理解自己的生活；我們將為每一次日出、草木無聲的生長而欣喜不已；我們將重新向自己喜愛的人們敞開心扉，表現真實的自然；我們將熱情地置身於家人、朋友之中，彼此關心，分享喜悅，真誠以對。

那時，我們將發現以前不能接近他人，因隔閡而不能相互溝通，不過是匆忙、疲憊造成的假象。只有當我們輕鬆下來，開始悠閒的生活，才能體驗親密和諧、友愛無間。我們將不是在生活的表面遊蕩不定，而是深入進去，聆聽生活本質的呼喚，讓生活變得更有意義。

生活中所有煩惱，都是因為捨不得放下。學會簡單生活，讓自己的每一天都過得輕鬆自在，就是幸福的人生。

第一章　以平常心看待人生，尋找眞正的幸福

第二章
做最真實的自己，
活出內心的自由

　　世界上沒有兩片完全相同的樹葉，每個人都是獨特的個體。只要我們能正確而全面地了解自己的優缺點，充分相信自己的能力，努力發掘自己的潛力，就能消滅自卑，找回自信，贏得完美人生。認清自己，正確評估自己的實力，在恰到好處時停下腳步，這是一種大智慧。如果不管自己的實力如何，而一味硬撐著挺下去，迎接你的就有可能是失敗，甚至是更大的悲劇。在生活中，很多人之所以遭遇滑鐵盧，就是因為盲目自大或過分自卑，認為自己無所不能或一無所能。

第二章　做最真實的自己，活出內心的自由

不做別人的影子，
只做最真實的自己

在世俗圈子裡痴心表演，人會活得不真實、不輕鬆、不自在；超凡脫俗，遠離人間煙火，清高處世，只不過是人們的一種幻想。我們要活得自在逍遙，只有做真實的自己。

人生就是一場漫長的戲，在這齣戲裡，我們不是做自己而是在演自己。為了某一個目標，或飛黃騰達、或名揚天下，我們甘願出賣自己的真心，說一些言不由衷的話，做一些自己不喜歡甚至討厭的事情。為了保護自己不受到傷害，我們往往會戴一副面具，讓別人看不清我們的臉，也看不清我們的心靈。

在面具的掩護之下，我們小心翼翼地走在人生的旅途之中，時不時說活得好累，偽裝的滋味真的很難受，但是卻沒有勇氣徹底摘掉面具，因為有太多的牽絆。不得已的時候，也只能這樣安慰一下自己：大家都是這樣過來的。也許這就是所謂人生的磨練。

在社會的磨練中，我們由一顆有稜有角的石頭變得圓滑

了,人生的道路也順利了很多,可是當我們停下腳步反省的時候,卻悲哀地發現,我們已經不再是以前的那個自己了。

李佳是美術系的高材生,畢業後在一家廣告公司做設計人員,她設計的作品總是與眾不同,有點理想主義和浪漫主義,充滿了個性。同事們都認為很好的創意,總經理卻總是看不上眼,並始終強調一句話:「我們要滿足客戶的意願。」這令李佳十分苦惱。

因為李佳的外形亮眼,總經理為了發揮李佳的外貌優勢,就把她調過來當自己的助理,平時出去見客戶的時候總是帶著她。李佳對這種安排十分不情願,但是為了以後在總經理面前能為自己的作品爭得一席之地,還是接受了。總經理對她說:「當我的助理可以讓妳了解客戶到底需要什麼東西,到時妳的作品也會更實用。」

李佳最討厭喝酒,也不喜歡看到男人酒氣沖天的模樣,但是為了應酬,在酒桌上也要強迫自己向客戶敬酒,這真是一件痛苦的事情,但她必須忍著。更讓李佳感到噁心的是,在夜總會裡,很多客戶邀請她跳舞,面對客戶的要求李佳只能委屈自己,李佳覺得自己就像一個在舞池裡的小丑。

在和客戶接觸的日子裡,整天忙忙碌碌的李佳終於了解到了客戶對作品的要求和品味。於是李佳向總經理提出要求,重新回到設計工作職位上去。

李佳按照客戶的意思設計出了一幅廣告作品,總經理對之很滿意,但是每一個同事都對她的設計表示不滿意,以前

第二章　做最真實的自己，活出內心的自由

那種欣賞的目光不見了，取而代之的是一種不屑。

失去判斷能力的李佳，只好求助於以前的大學教授。教授給了她一行批語：一幅俗不可耐的作品。大學時這位教授對李佳的才氣頗為讚賞，面對今天的批語，李佳傷心不已。

教授說，藝術的本質是真實，尤其是心靈的真實，而妳的作品卻充滿了虛偽。現在有兩條路供妳選擇，一條是繼續虛偽下去，另一條是做另外一個梵谷。

李佳終於醒悟，向總經理遞交了辭職信。那一刻，李佳感到從未有過的輕鬆和快樂。

李佳的悔悟挽救了自己，重新找回了真正的自己。現實中我們又有多少人能意識到這一點呢？

摘掉面具，做真實的自己。有一首古詩云：「痴心做處人人愛，冷眼觀時個個嫌，覷破關頭邪念息，一生出處自安悟。」一般人容易走這兩個極端，而不能恰如其分地掌握自己。世事紛繁，人事複雜，我們不可能一路都左右逢源，也不可能一味八面玲瓏。在世俗圈子裡痴心表演，人會活得不真實、不輕鬆、不自在；超凡脫俗，遠離人間煙火，清高處世，只不過是人們的一種幻想。我們要活得自在逍遙，只有做真實的自己，既不去「痴心做」，也不去「冷眼觀」，要像古人說的那樣「覷破關頭」，屏除邪念，保持心境安然舒暢。

做真實的自己首先要保持內心的真實，保持內心的真實就必須要有捨棄一切虛榮的心理，要有一種堅定的信念。不

改變自己,而是找到合適自己的位置。如果我是金子,我就去首飾店,不強迫自己當工具,傷痕累累還一無是處;如果我是鋼鐵,我就上戰場,不在首飾店裡受冷落;如果我是美玉,我就不做磨盤,既毀了自己也幫不了別人;如果我是磨石,我就做快樂的磨盤,不停地旋轉,磨出豐收的喜悅。

我無法改變自己,我只能改變自己的觀念,把自己放在更有利的地方。塑造自己,先點燃自己的心燈,然後才能照人遠行。如果每個人都有一盞心燈,那麼將只有光明而無黑暗!每個人都可以塑造獨特的自己,我就是我,不論好與壞,世間不會有第二個我。

第二章　做最真實的自己，活出內心的自由

了解自己，給予公正的自我評價

一個連自己都不了解的人，怎麼能了解他人？一個無法正確評價自己的人，怎麼能從容面對人生的風風雨雨？

我們的生活是由一個接一個的選擇構成的，每一個選擇都從一定程度上決定著我們的人生軌跡。讀懂自己，才能抓住每一次選擇人生道路的機會，從而掌握自己的人生。

人類的歷史，就是不斷征服自然的歷史。當自然被人類「征服」在腳下的時候，人類這才發現，同時被征服得千瘡百孔的還有人類自己，人類其實始終臣服在自然的腳下。有太多的悲劇，來源於人類並不了解自己，不了解自己在宇宙中的地位，不了解人類其實是最脆弱的。因此，當人類繼續將探索的觸角伸向更遠的太空的同時，也更多地關注起人類自身來。這無疑是人類歷史上的又一次偉大革命！那麼，你了解自己嗎？

「我是誰？」我們經常會問自己，卻很少有人能給出一個確切的答案。拿破崙‧希爾（Napoleon Hill）認為：隨著科學文化的日益發展，我們不斷地了解著未知世界，可我們對

了解自己，給予公正的自我評價

自身的探索卻始終停滯不前。正確地了解自己，才能了解整個世界，也才能接受世間的一切。我們經常透過別人的評價來認識自己。可是，無論別人的推心置腹顯得多麼明智和多麼美好，從事物本身的性質來說，自己應當是自己最好的知己。

另外，只有當你了解自己之後，才能客觀地評價和正確對待自己的優點和缺點，你才能知道自己行為上的不足，以及情感上的缺陷，你也才有辦法戰勝自我的弱點──取人之長，避己之短。

一般情況下，陷入盲目的人，都是沒有正確了解自己的人。一個連自己都弄不明白的人，怎麼可能去認辨識人，又怎麼可能去掌握自己的人生呢？

清晨，一隻山羊在柵欄外徘徊，想吃柵欄內的白菜，可是進不去。因為早晨太陽是斜照的，所以山羊看到自己的影子很長很長。

「我如此高大，一定能吃到樹上的果子，不吃這白菜又有什麼關係呢？」牠自言自語地說。於是，牠奔向很遠處的一片果園。還沒到達果園，已是正午，太陽照在頭上。這時，山羊的影子變成了很小的一團。

「唉，我這麼矮小，是吃不到樹上的果子的，還是回去吃白菜吧！」牠對自己說，沉思一會兒又十分自信地說：「憑我這身材，鑽進柵欄是沒有問題的。」

第二章　做最真實的自己，活出內心的自由

　　於是，牠又快速地往回奔跑。跑到柵欄外時，太陽已經偏西，牠的影子又變得很長很長。

　　此時山羊很驚訝：「我為什麼要回來呢？憑我這麼高大的個子，吃樹上的果子簡直是太容易了！」

　　山羊又跑了回去，就這樣直到黑夜來臨，山羊仍舊餓著肚子。

　　這則寓言故事看似可笑，可是它卻為我們揭示了一個深刻的道理：不能正確了解自我是很多人失敗和痛苦的原因。

　　其實，「正確了解自我」之中最重要的，就是要認清自己的能力，知道自己適合做什麼、不適合做什麼，長處是什麼、短處是什麼，從而做到有自知之明，最後在社會中找到自己恰當的位置。寸有所長、尺有所短，只有找到自己的位置，並充分發揮自己的聰明才智，發掘自己的潛能，才能最大限度地實現自己的人生價值。

　　即便是列夫‧托爾斯泰這樣享譽全球的偉大作家，也曾在了解自己的過程中走了不少彎路。他的青年時代有過一段放蕩歲月，逃學、賭博、鬼混兼而有之。終於有一天，他醒悟了，決心重新開始自己的人生。但從何著手呢？托爾斯泰首先分析自己，找出八項缺點：缺乏意志力，自己欺騙自己，有少年輕浮之風，不謙遜，脾氣太暴躁，生活太放縱，模仿性強，缺乏反省。然後他根據分析得出的結果，認真改正缺點，終於成為一位舉世聞名的世界大文豪。

了解自己，給予公正的自我評價

當局者迷，旁觀者清。正確了解自己，就要像旁觀者一樣洞察自己，將感性暫時放在一邊，用理性的眼光剖析自身的優缺點。當然，正確了解自己是一件很困難的事情，或許有些人一輩子也沒弄明白自己到底是怎樣的人。但不管怎樣，我們都要盡量客觀地對待自己，盡量理性地了解自己。如果不能正確了解自己，生活將以慘痛的教訓來讓我們銘記。

第二章　做最真實的自己，活出內心的自由

堅持自我，但不過度執著

　　執著的追求和達觀的生活態度從來就不是矛盾的。所謂「有所不為，才能有所為」、「退一步海闊天空」、「山重水複疑無路，柳暗花明又一村」這些都恰恰道出了前人在有限的生命裡面對無限的大千世界時的感悟。

　　曾有人這樣說過：「在正確的道路上行走，即便步伐邁得小，終有一天能到達目的地。」古今中外，因堅持而有所成就的人不計其數。偉大的漢代史學家司馬遷，忍辱負重，在遭受宮刑的情況下，依然堅持寫作，終於完成了被譽為「史家之絕唱，無韻之離騷」的《史記》。事實上，每一個成功者的背後，都有著常人難以想像的堅持。

　　是的，無堅持，便無所得。但前提是你堅持的方向是正確的，若在錯誤的道路上奔跑，那你將離目標越來越遠。所以，我們要有所堅持，但不能一意孤行，一旦將自己逼進死胡同，就連轉身的機會都沒有了。

　　在現實生活當中，我們常常因為不懂得放棄所謂的固執，而不得不面對許多無奈的痛苦。其實這些讓我們身陷其

堅持自我，但不過度執著

中而無法自拔的困境，貌似無法解脫，實際上在我們懂得了放棄的藝術之後，一切都變得豁然開朗了起來。

有一位登山隊員去攀登聖母峰。經過不懈努力，攀爬到 7,800 公尺的高度時，他感到體力支持不住，於是斷然決定停了下來。當他講起這段經歷時，朋友們都替他惋惜：為什麼不再堅持一下呢？為什麼不再咬緊一下牙關，爬到頂峰呢？

他從容地說：「不，我最清楚自己了。7,800 公尺的海拔是我登山能力的極限，所以我一點也不感到遺憾。」

人的能力終究是有限的，每個人都有自己做不到的事。認清自己做不到的事，就是做不到，坦然處之，不會覺得自己低人一等，更不會影響自信心，這就是對自己能力不足的信任。堅持做自己能做的事情是一種勇氣，放棄自己做不到的事情是一種智慧。

一隻鷸伸著長長的嘴巴在湖邊悠閒地行走著，突然牠眼睛一亮，發現前面有一只肥肥的蚌正在張開蚌殼晒太陽，那肥而嫩的蚌肉在陽光的照耀下十分誘人。於是鷸就不顧一切地衝上前去，用長嘴一下就啄住了蚌肉。然而，蚌也不是省油的燈，只見牠忍住疼痛，猛地將蚌殼收緊，把鷸那長長的嘴死死地夾住。就這樣，牠們誰也不讓誰，拚著性命僵持在一起。這時，一個老漁翁剛好從這裡經過，說了聲：「下酒菜有了。」輕易地將鷸和蚌收入囊中，揚長而去。

第二章　做最真實的自己，活出內心的自由

這是有名的「鷸蚌相爭，漁翁得利」的成語故事。

在這個故事中，我們很容易得知：鷸和蚌之所以成了漁翁的下酒菜，就是因為牠們過於執著，牠們的思維已成定式，誰都捨不得放棄而造成的。

人亦如此，有時較之物類更是固執，執著於名與利，執著於一份痛苦的愛，執著於幻美的夢，執著於空想的追求。數年光陰逝去，才嗟嘆人生的無為與空虛。適當的放棄才是一種正確的選擇。

人非聖賢，孰能無過？出現失誤與過錯在所難免，一時的失誤與過錯不能代表我們將來也會出現失誤與過錯，不能也不會依此來評價我們的將來和一生，大可不必記在心裡，負罪內疚。否則，只會束縛我們的手腳，禁錮我們的思想，影響我們工作的積極性、主動性和創造性而碌碌無為。這種失誤與過錯，我們更要捨得放棄。

莎士比亞說過：最大的無聊是為了無聊而費盡辛苦。歷史上曾有許多人熱衷於永動機的製造，有的甚至耗盡了畢生的精力，卻無一成功。達文西也曾是狂熱的追求者之一，然而一經實驗他便斷然放棄，並得出了永動機是根本不可能存在的結論，他認為那樣的追求是種愚蠢的行為，追求「鏡花水月」的虛無最後只能落得一場空。

如果一個人執意於追逐與獲得，執意於曾經擁有就不能

失去,那麼就很難走出患得患失的失誤,必將為達到目的而不擇手段,甚至走向極端。為物所累,將成為一生的羈絆。「執著就能成功」曾經是無數人的勵志名言。不錯,在歲月的滄桑中背負著這份執著,有過成功也有過失敗,儘管筋疲力盡、傷痕累累卻不曾放棄;直到歲月在艱難中躑躅而行,蹉跎而逝,才驀然發現現實的殘酷是不允許我們有太多奢望,所謂的執著也不過是碰壁之後一份愚蠢的堅持。於是,我們開始反思,一個人注定不可能在太多領域有所建樹,要學以致用,要根據自己的實際情況,不能不顧外界因素和自身的條件而頭腦發熱,草率行事,要清楚追求的目的是什麼。為了心中那座最高的山,痛定思痛後我們依然要選擇適時放棄,放棄那些能力以外、精力不及的空想,放棄那些不切實際的目標,在惋惜之餘得到最大的解脫。同時,我們會發現幼稚的激情已被成熟和穩健所代替,生命因之日漸豐腴起來。誰說這樣的放棄不是一種明智?

堅持是一種難得的品格,在這個物欲橫流的社會中,能堅持自己,更是難能可貴。我們應該堅持自己,因為這是我們保持本色人生的必然選擇,但同時也要掌握好堅持的分寸,否則生活的道路上就會多一些本可避免的波折。捨得放棄,說到底是一個人真正屬於了自己,真正懂得了如何駕馭自己。

第二章　做最真實的自己，活出內心的自由

善待自己，讓心靈遠離焦慮

如果你感覺自己時常會出現緊張、不安、心煩意亂或者是無故的恐懼，那你就要注意了，可能你也是焦慮症的患者。生活中，焦慮就像是我們身邊的魔鬼，如果你感到自己已經被傳染上焦慮，趕快想辦法，讓自己重新做一個快樂的人。

焦慮是一種提心吊膽和緊張不安的情緒感受。例如，當你面臨一次重大選擇時，當你聽說你的親人罹患了疾病時，當你感覺自己身體不適卻檢查不出病症時，你便會產生這種感覺。但有焦慮情緒不完全是壞現象，有時候，正常的焦慮是一種必要的警覺性。但如若你有太多的顧慮，那麼你就容易罹患焦慮症了，這會妨礙你去應對和處理眼前的危機，甚至讓你的日常生活受到很大影響。

焦慮時，你會心煩意亂、坐臥不寧，有時候你會產生世界末日的感覺。晚上失眠多夢，而且噩夢頻繁；白天頭腦昏沉，無精打采，而且對很多事物心存戒心，非常敏感，偶爾有一點點刺激，你便會做出很驚人的反應。

焦慮不僅對心理有嚴重的影響，而且對生理方面也有很多危害。焦慮症患者常會感覺自己口乾舌燥，常常冒冷汗，血壓升高，心跳不止，甚至在緊張過度的時候會一次又一次地跑廁所。當焦慮症嚴重時，會引起人的瀕死感，導致病人胸悶氣短。雖然很多時候都有斷氣的恐懼，但一般情況不會因此死亡。

李先生在周圍人的眼中是一位非常成功的人，在外商公司上班，而且還是個小主管，每個月可以領到一大筆薪資，開著好車，住著好房，還有一位漂亮賢惠的妻子。

前不久，李先生忽然對自己從事多年的工作產生了厭倦，總是覺得現在的工作限制了自己的發展。雖然現在已經很不錯了，但是李先生還是有些不滿足，他覺得如果待下去的話，自己根本不會取得什麼成就，他感覺自己現在簡直就是在浪費生命。所以，李先生萌生了跳槽的念頭，但眼下卻又找不到合適的工作。於是，李先生成天無精打采，總覺得非常煩惱，還不斷地與溫柔的妻子因為極小的事發生口角。

李先生曾經試過很多方法來擺脫自己的痛苦：聽音樂、運動、到空曠無人的地方大喊大叫。短暫的發洩可以使他當時心情好轉，但回到現實中，他又成了老樣子，心情依然很糟糕，口角依然會發生。李先生不知道該怎麼辦，他幾乎要接近崩潰了。

第二章　做最真實的自己，活出內心的自由

生活中，可能很多人都會有李先生這樣的體會，這就是焦慮。在現在快節奏、高速的工作與生活中，焦慮越來越成為一種普遍而且易發的情緒病。焦慮情緒不僅會造成不良的心理或者生理反應，還會影響人們的認知與學習。當人們焦慮時，很多經驗都會被扭曲，甚至連時間與空間的感受也會改變。一些成語，諸如草木皆兵（焦慮時，連草木都誤認為是敵軍），便是焦慮改變知覺的典型例子。

此外，焦慮時，學習能力會降低，注意力也會下降。人們還往往會有所謂的選擇性認知，只注意他所擔心的事情，忽略其他的事物。這時，人們可能擔心自己焦慮的模樣被人發現，特別去注意別人投射過來的目光，自然就會覺得每個人都注意著自己，因而更加焦慮。如此，便造成了焦慮的惡性循環。

三年前，瑋漶靠著向親朋好友借貸來的100萬元創辦了一家電腦軟體公司。由於看準市場機會，再加上自己的聰明才智，瑋漶的公司得到了迅速的發展。公司成立的第一年就獲得不俗的業績，規模也迅速擴展。此後幾年時間中，公司發展一直穩中求勝，在業界也有了一定的知名度。身為創業者的瑋漶，對公司的未來充滿信心。

由於身處高科技產業，隨著產業技術的快速變化、競爭形勢的不斷嚴峻，瑋漶感覺壓力越來越大。在一次大客戶招標會上，瑋漶原本以為憑著公司實力肯定能獨占鰲頭，沒想

到半路上冒出更強勁的競爭對手將訂單橫刀奪去,這對瑋澋的自信心是很大的打擊。一種強烈的危機感在瑋澋心中滋生,一向做事有條不紊、鎮靜自如的他開始被一種揮之不去的焦躁感所困擾。

在這種焦躁感的逼迫之下,瑋澋開始對公司員工施加壓力,要求他們不斷加班,恨不得所有人都只會工作而不需要休息;無休無止地開會討論公司各種發展機會,不斷對公司的策略發展方案進行改動,希望能夠看到短期成效;對所有員工提出更嚴格甚至是苛刻的要求,不允許任何人有犯錯的機會——瑋澋試圖用百分百的要求打造出百分百的公司競爭力,讓公司在競爭中求勝。

令瑋澋不解的是,這一切的努力都沒有取得如期成果。在他吹毛求疵的嚴格要求下,整個公司的創新精神受到重挫,員工們不求有功只求無過。另外,瑋澋的焦躁情緒為整個公司的氛圍蒙上一種人為的緊張:在他面前,員工們如驚弓之鳥,生怕由於一點點失誤而受到斥責。在彙報工作時,公司高層盡量選擇用美化的詞語去報告工作,而不直言工作過程真實存在的缺陷與危機。更糟糕的是,公司幾名核心幹部由於受不了瑋澋的「高壓」政策而辭職,公司的發展受到影響。

故事中瑋澋的焦慮導致了公司業績的直線下降,焦慮情緒讓他缺少良好的情緒去對待員工,甚至表現得非常苛刻,最終導致了公司瀕臨瓦解。不可否認,焦慮也可能會在某一

天降臨到你的身上,它會像空氣一樣把你緊緊地包圍,悄悄地侵蝕你的靈魂和身體,把你的快樂一點點磨滅。焦慮就是我們身邊的魔鬼,如果你感到不適,趕快想辦法解決,趕走焦慮,做一個快樂的人。

現實生活中,人人都可能會有焦慮的情緒,因此,如何擺脫這一焦慮的情緒就顯得尤為重要。其實,只要方法得當,焦慮的情緒是可以擺脫的。首先要了解自己,找對病根,不知道病源是無法對症下藥的。當你明白自己已經被焦慮情緒左右時,要學會注意力轉移法,使焦慮情緒被漸漸淡忘。或者採取剖析焦慮原因的方法去緩解,當你感到焦慮時,想一想為什麼會焦慮,值不值得去焦慮,事情的結果總會好起來的,這樣焦慮可能就會離開你了。如果你感到自己的焦慮十分嚴重,還可以去看心理醫生,進行一些心理諮商,有效的心理諮商會讓你大大減少自己的焦慮感。如果有必要,可以讓醫生開一些抗焦慮藥物,如利眠寧等。

培養自信，拒絕自我懷疑與貶低

真正能夠沉澱下來的，總是有分量的；浮在水面上的，畢竟是輕小的東西。且讓我們在屬於我們自己的人生道路上昂首挺胸地一步步走過，只要認為自己做得對，做得問心無愧，不必在意別人的看法，不必去理會別人如何議論自己的是非，把信心留給自己，做生活的強者，永遠向著自己追求的目標，執著地走自己的路，也就對了！

我們生在這個紛繁的世界，不可能獨自存在，一個人必然會與許許多多的人交往、合作。但這並不代表著我們要放棄獨立而隨波逐流。

不要總是一本正經或憤憤不平，為贏得人生的成功，你必須摒棄一切不利於前進的阻礙。有時你可以懷疑世界上的很多事物，但不要為此懷疑自我。

養成「我只要做好自己」的習慣，這種習慣會在成功的路上幫助你學會獨立，能夠卸下很多包袱，擁有了獨立的人格，你就擁有了成功者必備的其中一個條件。

且看國際名模呂燕的成功範例。

第二章　做最真實的自己，活出內心的自由

呂燕，有人說她很美，是超凡脫俗的美；有人說她很醜，是超凡脫俗的醜。美也好，醜也好，這個曾名不見經傳的「醜小鴨」，用她那極富個性和水準的表現力，以及飽含激情的對自己認真負責的生活態度，成為當今中國最紅的國際名模之一。

說起呂燕的成功史，她是花費了一番苦心的。

剛到北京的呂燕沒有簽約公司，住在地下室裡，一直無法當上模特兒。為了能在北京待下去，只能自謀生計。那時呂燕常聽到這樣的議論：「她長得那個樣子，怎能當模特兒呀！」她記得很清楚，一次到一家模特兒經紀公司，一進去接待她的人就把她從頭到腳仔細打量一遍，眼光非常藐視。但正是這種目光，促使這個天生樂觀喜歡挑戰的女孩更加努力工作。

一次偶然的機會裡，她認識了中國頂尖時尚造型師李東田和攝影師馮海。掌握著國際化時尚潮流的他們，敏銳地發現呂燕就是那個能同時傳遞東西方時尚資訊的最好載體，馬上就約呂燕化妝造型拍封面照。

那時呂燕和大多數中國模特兒一樣，過得很現實。就想著雜誌封面拍得越多越好，因為拍一個封面，就能領到300塊人民幣。很多時候，她身上一毛錢都沒有，一貧如洗。經過呂燕的一番辛勤努力，她先後當過五個品牌的形象代言人，只不過被人們知道的不多。

呂燕小有名氣後，一家雜誌的老闆看了她的照片認為不錯，就讓她到北京新僑飯店面談。那天呂燕剛走到大廳，兩

個法國人正在退房,見到她就問:「妳是模特兒嗎?」呂燕看著他們沒說話,他們又問:「妳有簽約公司嗎?」呂燕搖頭。他們就說:「妳願意跟我們到法國嗎?妳到法國一定能成為名模,也一定能賺很多很多錢。」

這個出生在中國江西農村的女孩,一直夢想著在伸展臺上有所作為,可是按照中國傳統的審美標準看,她很難躋身這個靠青春吃飯的行業,曾培養過許多著名模特兒的中國某家公司就拒絕和她簽約。在北京福特超級國際模特兒大賽中,她也只能以大賽工作人員的身分做些後勤工作。而正是呂燕身上那股拚勁,使她隻身來到法國。

「剛到國外肯定很不適應。不會講外語,吃不慣那裡的食物,不認識路,沒一個熟人;到商店買東西看見各種包裝也只能乾瞪眼,只買認識的速食食品。頭一個月居然吃了一百多個雞蛋。那種感覺完全就像一個人從嬰兒開始學習生活一樣。」

與生俱來的自信讓呂燕受益匪淺。到法國以後,她開始了艱苦的訓練,每天要練十多個小時。另外呂燕每天必須見很多公司和時裝雜誌的攝影師,這都是她的經紀人安排好的。呂燕到法國之後,同樣也遇到了挫折,但她都慢慢克服了。到巴黎已經有些日子了,她沒有去過羅浮宮、聖心大教堂和許多著名的旅遊景點。在這片陌生的國土上,她沒有朋友,有的只是每天不斷地辛苦工作。

呂燕就這樣一天一天打拚過來了,她堅信只要辛苦努力,就會獲得機會。到巴黎沒多久,她就接到了一個工作:

在一個洗髮精廣告中當模特兒。這是她過去想都不敢想的事。2000 年，呂燕在巴黎舉行的世界超級模特兒大賽中獲得了第二名的好成績，這是目前中國模特兒在世界級模特兒大賽中拿到的最好成績。

很多人都說，幸運一次又一次像天上掉餡餅一樣掉在呂燕頭上。對此，呂燕有自己的說法：「去巴黎的中國模特兒不只我一個，我也不是第一個。為什麼好些比我漂亮有名的沒多久都回來了？因為她們吃不了那份苦。任何人要想真正成功，根本不可能靠天上掉餡餅。我從小就是那種不給自己留後路的人，撞了南牆也要往前走！」

呂燕對自己的成功，有一番自信的解釋：「我從來不在乎別人說我怎麼樣，我就是這樣的。如果我在乎別人的看法，我就沒有今天了。可能現在還待在自己的家鄉，找一份普普通通的工作，平平淡淡地度過一生。如果聽到有人說我不好，我就要照著他的話去改變自己，那樣就活得太累，也太沒有意思了。我是我，我只要獨立，做好自己就成了。」呂燕就是靠著這樣一副樂觀天然的生存守則和處世魅力，而得到了上天的厚愛和後天的成功回報。

古人云：「高山平地有黃金，只恐為人無信心。」每個人都是一座富有的礦山，自信是開鑿這座礦山的斧頭。只有擁有十分的信心，我們才能邁出發掘自己潛能的步伐，由平凡到輝煌，最終超越生命的底線。

許多時候，我們太在意別人的感覺，因而在一片迷茫之中迷失了自己。隨意地活著，你不一定很平凡，但刻意地活著，你一定會很痛苦。其實人活著的目的只有一個，那就是不辜負自己。

蘭生幽谷，不為無人佩戴而不芬芳；月掛中天，不因暫滿還缺而不自圓；桃李灼灼，不因秋節將至而不開花；江水奔騰，不以一去不返而拒東流。一個人不能沒有追求，僅僅滿足於碌碌無為的日子。只有相信自己的人，才能實現自身的價值和生命的意義。

第二章　做最真實的自己，活出內心的自由

拋開自卑，做一個快樂的人

　　每一個人都有自己的優勢。天生我才必有用，每一朵小花都是一個獨立的世界。在這個獨立的世界裡，我們不比任何人矮半截。

　　隨著社會的快速發展，每個人都會不斷感受到自卑感的衝擊。尤其當那些以前在許多方面都比不上自己的人，如今卻優越地站在自己的面前，其內心的感受可想而知。從心理學的角度來說，自卑是一種因過多地自我否定而產生的自慚形穢的情緒體驗，是一種性格缺點。

　　自卑使人痛苦，使人懶惰，使人退縮。自卑讓我們低估自己的形象、能力和品格，總是拿弱點跟別人的長處比，覺得自己真的是什麼都不會，什麼都不如別人。自卑會控制我們的生活，在我們有所決定、有所取捨的時候，抹殺我們的勇氣與膽略。

　　一位父親帶著年幼的兒子去參觀梵谷故居。兒子在看到那張小木床及裂了口的皮鞋之後，奇怪的問父親：「梵谷不是個百萬富翁嗎？怎麼這裡的一切看起來都那麼破舊？」父親

回答道:「不是,梵谷是一個連老婆都娶不到的窮人。」

第二年,這位父親帶兒子去丹麥參觀安徒生的故居。兒子又困惑地問父親:「安徒生不是應該生活在皇宮裡嗎?」父親答:「安徒生是個鞋匠的兒子,他就生活在這棟閣樓裡。」

這位父親是一個水手,他每年都在大西洋各個港口之間往來;這位兒子叫伊爾‧布拉格,他是美國歷史上第一位獲普利茲獎的黑人記者。20年之後,伊爾‧布拉格回憶童年時代的這段經歷時,他說:「那時我們家很窮,父母都靠出賣勞力生活。有很長一段時間,我一直自卑地認為像我們這樣卑微的黑人是不可能有出息的。但是我的父親,他讓我知道了梵谷和安徒生,這兩個人的實際生活告訴我,上帝沒有輕看我的意思。」

一個人如果自卑,看不到自己的力量,總認為自己不行,就做不好事情,完成不了工作,久而久之會形成一種固定的心理模式,帶給生活和工作消極的影響。一個能意識到自己有自卑感的人,意味著他已經走上了克服自卑的道路。

自卑就像蛀蟲一樣吞噬著我們的人生,它是我們走向成功的絆腳石,是快樂生活的攔路虎。自卑會使我們的心態逐漸變得消沉,生活毫無激情。由於自卑,會把本來帶給自己快樂的事物都變得讓自己難受,一生都在膽怯、憂鬱地生活。

自卑感並非無法克服,就怕不去克服。只要改變心態,

第二章　做最真實的自己，活出內心的自由

將自卑轉變為發奮的動力，就能走向成功和卓越。這是一條從自卑到自信，從失敗到成功，從渺小到偉大的光輝燦爛之路。只要相信自己並願意改變自己，就能走上一條成功大道。自卑如能被超越，便成了成功做事的本錢。

出生於經商世家的阿福，在少年時代曾自卑過。從中學時代起，他就開始受到被歧視、被批評的屈辱。因為家裡經商失敗，大學只讀了半年就被迫痛苦退學。20歲時，他的父親離開人世，母親要靠替別人看孩子、洗衣服、挑煤來賺錢維持生活。母親被迫做這種低賤的工作，使敏感的他深深感覺人生的恥辱。25歲時，他到一家小工廠做工，「師傅」竟以出身譏笑他：「會讀書有什麼用，還不是給我這個不會讀書的人當學徒。」

命運的不公、屈辱和人言的刻薄，使他深感難以擺脫的自卑。一次，他在江邊徘徊了整整一天。他真想往江中一跳，以死來解脫這折磨人的自卑與屈辱。

正是這個自卑得不想活的年輕人，發憤尋找人生的新道路。當他40歲時，卻從頭開始學習經商，不畏失敗挫折，頑強奮鬥10多年後，終於成為百萬富翁，成為知名企業家。

正因為他戰勝了自卑，才有了最後的成功。每個人都有短處，如果我們總是看著自己不足的地方，就會忘記去發現我們身上的亮點。自卑源於對自己缺點的過分關注，如果我們學會忘記那些缺點，就會把更多的精力用來發現自己的優

點,就會增強信心。

　　自信是自卑的剋星,自信之人經得起困難和挫折的考驗。一個人只要具有強烈的自信心,自尊、自愛、自強,最終都能成功。居禮夫人有句名言:「我們應該有恆心,尤其要有自信心。」托爾斯泰說:「決心就是力量,信心就是成功。」每個人都渴望自信,因為自信能使人愉悅,使人奮發,使人前進。人人都希望遠離自卑的象牙塔,那麼就要學會欣賞自我,充分肯定自我,尋找通往自信的快樂之路;學會與自信為友,只要我們擁有自信心,成功就會微笑著向我們靠近。

第二章　做最真實的自己，活出內心的自由

勇敢認錯，學會寬容自己

　　我們都是在不斷犯錯、認錯、改錯的過程中成長的，當我們犯了錯誤，要讓自己有機會改正錯誤，有機會走向成功。

　　犯下錯誤之後，如果只想到推諉和逃避責任，那麼受到最大傷害的只能是自己。我們必須面對屬於自己的問題，歸咎於環境或者他人，並不是明智的做法。因為這樣做問題並沒有得到解決，只會讓錯誤像高利息的債務一樣，越滾越大，成為橫亙在我們人生路途前的一座大山，讓自己變得小心翼翼，害怕犯錯，從而喪失面對挑戰的勇氣，最終變成一隻只會逃避的鴕鳥。

　　其實只要正視自己的錯誤並積極尋求彌補的方案，那麼我們就會發現，一個錯誤並沒有什麼大不了的。正是不斷從錯誤中汲取經驗的過程中，一個人開始變得成熟，有信心和勇氣面對失敗和挫折，能夠坦然承擔人生和命運的艱難。

　　推卸責任時，可能感覺舒服和痛快，但心智卻無法成熟。「你不能解決問題，你就會成為問題。」其實，這句話是對所有人說的。

沒有人不會犯錯，輝煌的成功建立在無數次錯誤的基礎之上，所以不要怕犯錯。但是這不應當成為輕率的理由或者推卸責任的藉口。關鍵是要讓每一次錯誤都變得有價值。不為自己的錯誤負責，把錯誤的原因歸結為環境因素或者他人因素的人，無法正視錯誤，也不會在錯誤中成長。

有這樣一個故事：

義大利佛羅倫斯的布朗特‧哈森，不小心核准了一位請病假的員工全薪。他發現此錯誤，於是告訴這位員工並且解釋說必須糾正這一錯誤，他要在下次薪水支票中扣掉多付的薪水。這位員工說這樣做會帶給他嚴重的財務問題，因此請求分期扣回他多領的薪水。但這樣哈森必須先獲得上級的批准。

「我知道，」哈森說，「這樣做一定會使老闆大為不滿。在我考慮如何以更好的方式來處理這種狀況的時候，我了解到這一切的混亂都是我的錯誤，我必須在老闆面前承認我的錯誤。」

「我走進他的辦公室，告訴他我犯了一個錯誤，然後把整個情形都告訴了他。他大發脾氣地說這應該是人事部門的錯誤，但我重複地說這是我的錯誤。他又大聲地指責會計部門的疏忽，後來他又責怪辦公室的兩位同事。但是我一再地說這是我的錯。最後他才看著我說：『好吧，這是你的錯，那麼就想辦法把問題解決掉吧。』於是這個錯誤被糾正過來了，而沒有帶給任何人麻煩。我覺得我很不錯，因為我能夠處理

一個緊張的情況,並且有勇氣不去尋找藉口。自那以後,我的老闆對我青睞有加,特別看重。」

即使是傻瓜也會為自己的錯誤辯護,但能承認自己錯誤的人卻能凌駕於其他人之上,而有一種怡然的感覺。布朗特‧哈森就做到了這一點,結果取得了良好的效果。假如哈森不是這樣做,而是尋找許多藉口,事實上能為之開脫的藉口是很多的,比如會計們疏忽懈怠啦,人事部門玩忽職守啦,或者其他別的什麼;但哈森的高明在於勇於承認那是自己的錯,不尋找任何藉口,而且一直堅持是自己的錯。這樣就給老闆一種誠實可靠負責的印象,而受到老闆的青睞和器重,因為不論哪個老闆都喜歡誠實可靠的人,而最討厭那些不負責任而又虛浮的人。勇於承認自己錯了,從其效果來看,不知要比狡辯強多少倍。

有些人在做錯了事之後,不願去勇敢面對,只選擇逃避。於是別人就會更加深對你的誤會,甚至與你絕交,從此變成了陌生人。你自己除了傷心自責外,也不知道該怎麼辦。這樣就會讓自己處於被動,不利於事情的改變,也不利於人際關係的改善。

正視錯誤,你會得到錯誤以外的東西。最重要的是,在為自己的錯誤積極擔負責任的過程中,勇氣得到增長。

忠於自我，不活在他人的評價裡

正確了解自己，理性地評價自己，發揮自己的優點，修正自己的缺點，不驕傲自大，也不盲目自信，這是明智的做法。當然最重要的是，無論怎樣都不要活在別人的評價裡。在這世上，沒有任何一個人可以得到所有人的喜歡。跟著他人眼光來去的人，會逐漸黯淡自己的光彩。

如果我們對自己都沒有好的評價，還能期望別人對我們有好的評價嗎？別人對你的評價會透過言行舉止洩漏給與他交往的人，從而形成別人評價你的基礎。所以，要讓別人喜歡你、信任你，你必須首先肯定自己，喜歡自己，信任自己。

有一對姐妹，姐姐非常漂亮，妹妹則長相一般，從小家裡人和鄰居親友都特別寵愛姐姐，誇讚姐姐長得像電影明星，而忽視了妹妹。久而久之，妹妹產生了自卑心理，每天早晨一照鏡子，就討厭自己的長相，並因此覺得自己什麼都不好，羞於到外面去和別人交往。而別人從她的這些行為中覺得她是一個孤僻古怪的女孩，不善言談，沒有少女應有的青春氣息，也愈加地漠視她。

第二章　做最真實的自己，活出內心的自由

　　後來，姐妹倆都考上大學，在不同的城市讀書。妹妹在一個新的環境裡，結識了許多新的同齡朋友，由於沒有姐姐的漂亮對她造成比較，妹妹變得較為開朗，和同學們都很談得來。在交談中，同學們發現她知識豐富，而且分析問題、處理問題的能力也很強，都很喜歡她，樂於和她交往。而妹妹不再只注意自己不如姐姐長得漂亮這一點，逐漸發現了自己的許多優點，變得較為自信。

　　假期回家後，妹妹不再躲在自己的小房間裡，而是饒有興致地向大家講述學校裡的趣事。結果，大家都誇她很有見識，能說會道，還很幽默。以後再有親友來訪，都主動詢問妹妹在不在家，並邀請妹妹去他們家做客。姐姐驚奇地說妹妹像換了一個人似的，不僅性格大變，而且比以前漂亮了。

　　為什麼同樣一個人，前後會相差那麼大呢？是她真的變漂亮了嗎？當然不是。眾人對她從漠視到喜愛、關切，主要是因為她對自己前後不同的心理暗示，影響了她的行為和別人對她的看法。親友們從她的身上，發現的是自信、快樂、熱情和樂於與人交往的訊號，而不是以前的自卑、憂鬱、拒絕交際的訊號，因此，樂於與她交往，並開始喜歡她。

　　肯定自己，喜愛自己，這是社交成功的基礎。喜歡你自己，因為你是自然界最偉大的奇蹟，你是獨一無二的。你有許多缺點，這是每個人都會有的；你有許多優點，這些優點不是每個人都會有的。而且，你是獨一無二的，你的心是獨一無二的，你擁有這個世界上獨一無二的智慧、獨一無二的

言行舉止。千萬不要把你的優點埋藏在不為人知的地方。妳不漂亮，但妳靈巧的雙手可以編織出最漂亮的飾物。你沒有考第一，但你可以把王子與公主的故事講得栩栩如生、如泣如訴。你不健談，但你溫柔的笑容可以給人最強而有力的支持和最溫暖的安慰。你確實是一個很特別的人，值得自己珍惜，足夠贏得朋友的友情和尊重。

人們有權利按照我們看待自己的眼光來評價我們。人們會從我們的臉上、我們的眼神中去判斷，我們到底賦予了自己多高的價值。很多人都相信，一個走入社會的人對自己價值的判斷，應該比別人的判斷要更準確，更真實。

有一個壽險業務員，每天都戴著一只8克拉的鑽戒，那是他與客戶洽談、招攬業務時的幸運符。他的業績是全公司最好的。有一次，他把鑽石送回珠寶公司重新鑲過，需要幾天的時間才能取回。這一段期間裡，他比平時更賣力工作，卻徒勞無功。他說，只要他開始向客戶介紹產品，他就會不自覺地看著光禿禿的手指，內心似乎有一個聲音在說：「他不會簽，他不會簽。」結果，那個微弱的聲音說對了，他一張保單也簽不成。而等他一拿回戒指，當天約了6個客戶，就簽了6張保單！

真的是鑽戒產生了作用嗎？不是，但也是。鑽戒不是神奇的幸運符，卻給了他正面的心理暗示，增加了別人對他的信心，從而提高了談成保單的成功率。人之所以會對某件事

採取行動,源於心中對某件事寄予一定的希望,而這種希望會在他的心理上造成一種可行的態勢,也會激發並引導他產生具體的行動,讓其獲得成功的事實暗示,對別人心理造成影響,增加成功的可能性。

如果你認定自己毫無魅力可言,你的表情會失去應有的光彩,你的言行就會缺乏熱情,你的社交又怎能成功?反之,如果你認為自己魅力十足、人見人愛,你的眼睛會閃爍出迷人的光彩,行動更加優雅,語言更加富有感染力,而這一切會感染你身邊的每一個人,讓他們被你的魅力所迷惑,會讓你像社交明星一樣光彩照人。

可是你就是覺得自己不如人,認定自己是四處碰壁的醜小鴨,那又該怎麼辦呢?說服自己!首先,尋找自己的優點。不要疏忽任何一點,即使你認為它微不足道,不值一提。從你以前的成功經驗裡尋找,細心地想一想,你會發現自己的優點不止一籮筐呢,你會發現自己簡直是一個可愛的天使,如果是這樣,你還能不自信嗎?其次,每天一睜開眼睛,就告訴自己:「我是一個魅力十足、人見人愛的社交明星,所有的人都會喜歡我,我很溫柔,我很慷慨,朋友們都信任我……我有缺點,但我會努力改正,我今天會是公司最受歡迎的人,今晚的同學聚會中,我也會是最有人緣的一個,今天一切都很好,我對自己十分滿意……」

人要自己肯定自己,而且從某種意義上說,一個人也只要自己喜歡自己就夠了,沒有必要活在別人的評價裡。如果一個人一生中從沒有對自己有過埋怨,始終非常滿意自己的話,那麼這個人的一生一定是非常美滿和幸福的。

第二章　做最真實的自己，活出內心的自由

不自尋煩惱，
別人也無法帶給你困擾

我們在生活中的許多煩惱都是自找的。快樂就蘊藏在我們的心裡，何苦去外求呢？在痛苦的時候，不要依賴別人來幫你分憂，實際上你可以自己想辦法擺脫煩惱。

人的煩惱一半源於自己，即所謂畫地為牢、作繭自縛。

生活中，為了滿足各種欲望，我們整日勞苦奔波，身不得閒。而心靈欲念膨脹，被雜念糾纏，故亦不得閒，煩惱始由此而生。所以說，一切煩惱皆由心生。

佛教禪宗第二代傳人慧可曾向達摩祖師訴說他內心的不安，希望達摩祖師能幫他把心靜下來。達摩祖師讓他拿「心」來，才肯替他安心。慧可找了半天，回答說沒找到。達摩祖師說：「給你安心竟然沒有找到？」慧可一下子就愣住了。

達摩祖師的意思實際上是說，心都不可得，哪裡還有可得的煩惱？

可見，心才是煩惱的關鍵。人如果一心追逐名利，心中充滿欲望，整天患得患失，自然會有煩惱。

美國紐約郊外有一片典型的貴族莊園。莊園的草坪被主人們修剪得非常平整；一排排精緻的白色小柵欄邊長滿了美麗的黃水仙；莊園裡還種滿了蘋果樹，到了秋天上面就會掛滿誘人的果實；莊園裡還長滿了鬱鬱蔥蔥的植物，例如芳香的薰衣草和玫瑰花，保護它們的是一圈低矮的常青灌木和可愛的鐵籬笆。

有一年春天，一隻梅花鹿常常在這一帶遊蕩，有時興致所至，還會隨意跳進花園吃玫瑰花。這讓花園的主人們大為緊張，他們每天坐在花園裡，手握著獵槍，等候著這隻令他們煩惱的梅花鹿。

然而，普薩爾是唯一沒有這樣做的人。

最後，這隻聰明機敏卻又無處覓食的梅花鹿只得整日在普薩爾的花園裡用餐。普薩爾常常透過玻璃窗觀賞牠，並為牠取名為「玫瑰花蕊。」因為他發現這隻梅花鹿最喜歡吃玫瑰花蕊。這件令鄰居們煩惱的事情卻帶給了普薩爾樂趣。普薩爾和別人有著截然不同的態度，後來這隻梅花鹿也非常喜歡和他親近，絲毫沒有畏懼感。

隨著季節的轉換，梅花鹿越來越少來訪。普薩爾想牠一定是被某個鄰居開槍嚇怕了，再也不會來了。

然而，來年春天，那隻梅花鹿又回來了，而且還帶來了牠的寶寶。原來梅花鹿當了母親，牠的小寶貝長得小巧迷人，和牠的母親一樣，也非常喜歡玫瑰花蕊。普薩爾替牠取了一個名字叫「小可愛」。柔弱精緻的「小可愛」與清晨的鄉村景色融合在一起，簡直美妙極了。

梅花鹿和牠的孩子成了普薩爾家的常客,牠們對花園中的玫瑰享有與普薩爾同等的權利。玫瑰使牠們強壯,玫瑰也依然茂盛,普薩爾經常像老朋友一樣和牠們一起玩耍,這成了莊園裡最引人注目的風景,他的鄰居們對此羨慕不已。

當鄰居們整天惴惴不安的時候,普薩爾卻在與梅花鹿的交流中自得其樂。為什麼那些鄰居們不能像普薩爾一樣呢?他們整天提心吊膽的生活,卻沒意識到這煩惱來源於他們自身。

生活中,擁有不同的態度,就會有不同的結果。健康樂觀的生活態度,就意味著擁有生命中最美妙的時光。也許你會有煩惱,但煩惱即是你本身,而你也正是解決煩惱的金鑰匙。

快樂需要尋找,而煩惱往往卻是自己替自己增加的。人之所以痛苦,不是追求錯誤的東西,就是沒能領悟人生的真諦。如果你不給自己煩惱,別人也永遠不可能給你煩惱。明白了這個道理,你的人生怎能不快樂?!

別讓小事影響情緒，學會釋懷

能活得簡單一點，有時候是一種幸運。簡單是一種智慧，是一種經歷複雜之後的更上一層樓的頓悟。簡單是一種美，是一種智者所具有的高品味的境界，一種大徹大悟之後的昇華。

你的心是怎樣的，這個世界就是怎樣的。當你覺得這個世界到處充滿陷阱時，生活就變得舉步維艱。真正打敗一個人的，或許並不是困難本身，而是你用複雜的目光審視這個世界所帶來的痛苦。

其實，當你把一切想簡單的時候，內心才能趨於寧靜，只有這樣，才能遠離痛苦。

你跟別人打招呼，別人沒理會，就鬱悶一整天。或許人家是高度近視呢！有人一見到別人圍一堆說話，就懷疑他們在說自己的壞話，疑神疑鬼。其實，我們完全可以讓生活變得輕鬆愉快，只要讓自己的心變得簡單一些，再簡單一些……

第二章　做最真實的自己，活出內心的自由

　　古時候有一對新婚夫婦非常相愛，鄰居們都羨慕不已。但是有一天夫妻二人卻爭吵起來。

　　原來是丈夫讓妻子從水缸裡幫自己打些水來，妻子打開水缸一看，只見裡面有個漂亮女子的身影。

　　她大吃一驚，於是水也顧不得打了，便怒氣沖沖地去找丈夫理論：「你這個不知羞恥的傢伙，水缸裡竟然還藏著別的女人。」

　　丈夫被妻子罵得摸不著頭緒，於是便決定親自去看個究竟。他急忙來到後院，探頭朝水缸裡一望：「這裡哪裡有什麼女人？分明是個野男人嘛！」看了之後，他氣不打一處來：「明明是她偷了男人，卻說是我養了女人。」

　　於是一場大戰爆發了，她揪著他的耳朵，他拽著她的頭髮，兩人打得不可開交。一時間，拍桌子砸板凳，鍋碗瓢盆一起響，驚得左鄰右舍都趕來看熱鬧。

　　有位鄰居覺得十分奇怪，這對夫妻平時如膠似漆，恩恩愛愛，今天怎麼突然大打出手了呢？於是他進屋問清了原委。莫非水缸裡藏了兩個人不成？鄰居越發覺得蹊蹺，就跑去看水缸。嘿，裡面確實藏著個男人。於是，他把自己親眼所見全都告訴了其他好奇的鄰居們。

　　這時正好有個尼姑來化齋，看到夫妻倆正在大吵大鬧，她便進門相勸。夫妻倆互相指責對方，女的說：「他偷野女人！」男的說：「她偷賊漢子！」尼姑越聽越糊塗，圍觀者便上前指點說：「他們家的水缸裡藏有人。」

尼姑半信半疑，決定前去檢視，果然發現水缸裡有個尼姑，於是她轉身就走，邊走邊唸叨著：「罪過！罪過！」

過了一會兒，又來了一個道士，他聽說有這樣不可思議的怪事，於是也進屋走到水缸旁，低頭一看：「哪有什麼男人和女人？不過是人在水中的影子罷了！」他感嘆這幫人真是可悲至極。隨後他隨手撿起一塊石頭，帶領眾人來到水缸前，揚起石頭砸碎了水缸。

原來裡面除了水以外什麼都沒有。夫婦兩人看到之後，悔恨不已。

天下本無事，庸人自擾之。人總是被色相和物欲所縛，變得憂慮不安，失去快樂。只要人從單純的生活層面上看待事物，快樂自然流露出來。有一首詩是這樣說的：「一缽千家飯，孤身萬里遊，青目睹人少，問路白雲頭。」這首簡單的五言詩，道破了人生的玄機：幸福的生活不在於你擁有多少物質，而在於你能否簡簡單單的看待這個世界，僅此而已。

契訶夫（Chekhov）的小說《小公務員之死》（*The Death of A Government Clerk*）中，那個可憐的小公務員在看戲時，不幸與部長大人坐在一起，把唾沫星子濺到了部長夫人的大衣上，他就神經質地惶惶不安起來。無論他如何解釋，部長大人好像都沒有原諒他的意思。這個小公務員在巨大的精神壓力下，竟然一命嗚呼了。

可見，有時候我們真的應該活得簡單一點。簡單是一種智慧，是一種經歷複雜之後的更上一層樓的頓悟。簡單是一種美，是一種智者所具有的高品味的境界，一種大徹大悟之後的昇華。

誠實面對內心的掙扎與缺點

「春好秋亦妙，夏天不失其美，冬天得其造化」——春夏秋冬，各有其妙處，萬物亦然。身為萬物靈長的人類，是否應該學會接納自身的不足與缺陷呢？

世間有真善美，自然就有假惡醜；沒有什麼能夠獨立存在，每個人身上都融合了這些對立面。如果將假惡醜拒之門外，那麼真善美也必將離你遠去。要想輕鬆自在的生活，做真實的自我，就得坦然面對自身的瑕疵，這並不會掩蓋你的美好本質，反而更能彰顯你的魅力，所謂「瑕不掩瑜」說的就是這個道理。

我們似乎隨時隨地可以看到這樣一群人：他們喬裝門面，藉此來遮掩自己的愚蠢或貧窮，隱瞞自己的無知或無能，粉飾自己的空虛和懦弱……實際上，這是不能正確面對自己的最好佐證。這樣的人在評價別人的時候，動輒就是「這小子愚蠢透頂」、「那傢伙肯定是窮光蛋」、「瞧他那模樣，簡直不像個男子漢」……凡此種種，不一而足。這樣的人熱衷於對別人品頭論足、妄加非議，其實他們卻從未正確的了解過自己。

第二章　做最真實的自己，活出內心的自由

為什麼我們要掩蓋自己的缺點呢？為什麼我們不能將自己真實的一面呈現出來呢？坦白才意味著有自知之明：我就是這麼一個人，我無須在他人面前喬裝改扮；我容得下自己的一切，包括我的缺點。只有不嫌棄自己的人，才能真正面對生活，面對人生。

有些人想遮醜，往往事與願違，反而露醜。

在英國倫敦的一個小村莊，有一位莊園主的女兒名叫艾娜。她想成為一個歌唱家，可是她長得並不好看。她的嘴巴很大，牙齒暴露。在第一次公開演唱的時候，她一直想把上嘴唇拉下來蓋住她的牙齒，以為這樣就能遮掩自己的缺點，結果事與願違，大出洋相。

但有一個聽眾認為她很有天分。「我很喜歡妳的演唱。」他很坦率地說，「我一直在看妳的表演，我知道妳想掩蓋的是什麼，妳覺得妳的牙齒很難看嗎？」

艾娜一下子變得非常不好意思。那個男聽眾繼續說：「何必這麼做呢？誰不想擁有漂亮的牙齒呢？但是妳也不用遮掩，張開妳的嘴，觀眾看到妳滿不在乎的樣子，他們就會喜歡妳的。」緊接著，他很幽默地指出：「那些暴露的牙齒，說不定還會為妳帶來好運呢！」

艾娜愉快的接受了他的建議。從此以後，她再也不去注意自己的牙齒，而只想著觀眾，張開嘴巴熱情地為他們演唱。

誠實面對內心的掙扎與缺點

　　終於，她成為了名噪一時的大歌星。再後來，有很多演員還刻意模仿她的樣子呢！

　　勇於面對自身的缺陷，恰恰是自信的表現。反之，自我嫌棄則是對自己的懷疑。羨慕就是無知，模仿就是自殺。無論怎樣，我們應該保持本色。一個人想集他人所有的優點於一身，是愚蠢而荒謬的。有高山必有深谷，一方面有長處，另一方面自然會有短處。「金無足赤，人無完人。」此話適用於評價別人，也適用於評價自己。如果你不能成為山頂上的一株參天大樹，那就做一片生長在山谷中的小草，為大地增添一抹碧綠……

　　一味的追求完美，我們將永遠生活在痛苦的深淵裡。換個角度看待事物，誠實面對自身存在的不足之處，我們就會生活得開心快樂，我們將永遠是最幸福的人。所以說，如果我們為了追求理想中的完美，而不能包容那些不可去除的瑕疵，那麼我們終將很難成功。

　　「梅須遜雪三分白，雪卻輸梅一段香。」世上沒有十全十美的事物，我們都一樣。只有懂得了這一點，我們才能坦然認同自身的缺憾，更重要的是，我們的生活才會因此而變得輕鬆、和諧。

第二章　做最真實的自己，活出內心的自由

無論何時何地，
都不要過度高估自己的重要性

那些深諳做人之道的人，大都是在社會群體中能夠擺正自己位置的人，而把自己看成比別人高一等的人，一定是世界上最愚蠢的人。

有一位將軍，在大軍撤退時總是斷後，回到京城後，人們都稱讚他的勇敢，將軍卻淡然一笑，說：「並非吾勇，馬不進也。」這位將軍把自己勇敢斷後的無畏行為說成是由於馬走得太慢。可是，在人們心目中，「馬走得太慢」這句託詞，絕對無法抵消將軍的英雄形象。

有時我們的煩惱來自於我們有顆狂妄自大的心。一個人如果妄自尊大，誰都不放在眼裡，一切皆以自我為中心，那麼他一定會一天到晚被煩惱重重包圍著。

若一個人太自負了，就很容易陷入一種莫名其妙的自我陶醉之中，變得自大起來。他會無視所有人對他的不滿和提醒，終日沉浸在自我滿足之中，對一切功名利祿都要捷足先登，這樣的人永遠也得不到人們對他的理解和尊重。

無論何時何地，都不要過度高估自己的重要性

自傲者對自我失去了客觀評價，覺得在這個世界上唯我最大、捨我其誰，一副不知天高地厚的架勢，以顯示自己偉大的魄力和氣度。可是，靠說空話解決不了任何問題，人們尊敬的是那些腳踏實地的人，而不是自吹自擂的專家。

其實，越偉大的人越會謙卑待人，人們也越會敬重他。

在美國紐約的一個既髒又亂的候車室裡，靠門的座位上坐著一個滿臉疲憊的老人，背上的塵土及鞋子上的汙泥顯示他走了很長的路。列車進站，開始驗票了，老人不緊不慢地站起來，準備往剪票口走。忽然，從候車室外走進一個胖太太，她提著一個很大的箱子，顯然也要趕這班列車，可箱子太重，累得她氣喘吁吁的。胖太太看到了那個老人，衝他大喊：「喂，老頭，你幫我提一下箱子，我等一下給你小費。」那個老人想都沒想，拎起箱子就和胖太太向剪票口走去。

他們剛剛驗票上車，火車就開動了。胖太太抹了一把汗，慶幸地說：「還真多虧你，不然我就趕不上車了。」說著，她掏出 1 美元遞給那個老人，老人微笑著接過。這時，列車長走了過來：「洛克斐勒先生，請問我能為您做點什麼嗎？」

「謝謝，不用了，我只是剛剛做了一個為期 3 天的徒步旅行，現在我要回紐約總部。」老人客氣地回答。

「什麼？洛克斐勒？」胖太太驚叫了起來，「上帝，我竟讓著名的石油大王洛克斐勒先生替我提箱子，居然還給了他 1 美元小費，我這是在做什麼啊？」她忙向洛克斐勒道歉，並

第二章　做最真實的自己，活出內心的自由

誠惶誠恐地請洛克斐勒把那1美元小費退給她。

「太太，妳不必道歉，妳根本沒有做錯什麼。」洛克斐勒微笑著說道，「這1美元是我賺的，所以我收下了。」說著，洛克斐勒把那1美元鄭重地放進了口袋裡。

真正的大人物是那種成就了不平凡的事業，卻仍然像平凡人一樣生活著的人。他們從來都是虛懷若谷的，他們不會因為自己腰纏萬貫而盛氣凌人，他們從來不會見人就喋喋不休地訴說自己是如何成功和發跡的，他們也從不痛恨自己的同事是「居心叵測之人」，他們只是「不以物喜，不以己悲」，平和地做著自己該做的事情。

兩隻大雁與一隻青蛙結成了朋友。秋天來了，大雁要飛回南方，三個朋友捨不得分開。大雁對青蛙說：「要是你也能飛上天多好呀，我們就可以經常在一起了。」青蛙靈機一動：牠讓兩隻大雁銜住一根樹枝，然後牠自己用嘴銜在樹枝中間，三個朋友一起飛上了天。地上的青蛙們都羨慕地拍手叫絕。這時有人問：「是誰這麼聰明？」那隻青蛙生怕錯過了表現自己的機會，於是大聲說：「這是我想出來的……」話還沒說完，牠便從空中掉下來了。

可憐的青蛙之所以會得到這樣悲慘的下場，就是因為牠太想表現自己。不驕傲，坦誠而平淡地生活，別人是不會把你看成卑微、怯懦和無能的。如果你老是把自己當作珍珠，那麼就時時有被埋沒的危險。

自以為是的人頭腦容易發熱，他們往往充滿夢想，只相信自己的智慧和能力，堅信只有自己才是正確的；他們從來不接受別人的意見和勸告，認為採納了別人的意見就等於是對自己的否定和貶低。這些人其實是典型的外強中乾，他們的固執恰恰證明了他們並不是真正的強者，正因為心虛，所以他們才不願服輸。

一個有內涵、有實力的人也不一定永遠站在最高峰。忘記曾經的成功、曾經的輝煌，正視現實，這樣的人即使退居幕後，人們給予他們的仍然是掌聲和鮮花。

第二章 做最真實的自己,活出內心的自由

第三章
以善良與愛心豐富內在世界

　　一顆溫柔的愛心，一種愛人的性情，是我們最大的財富。我們給予他人以愛、同情和鼓勵，我們本身非但不會因為給予而有所減少，反而會由於給予而獲得更多。我們把愛、同情、善意給予的越多，我們所能收回的愛、同情和善意也就越多。

第三章　以善良與愛心豐富內在世界

擁有無私的愛，便擁有無限的力量

愛的力量是不容忽視的，只要心中充滿了愛，不可能的事情往往都會變成可能。

愛是人類最美的語言。一顆無私的愛心，是我們獲得幸福快樂的泉源。以愛心待人，才能品嘗到生之歡樂，才能有不竭的熱情。給予就會被給予，人性中最美麗的一面來自於互相的關愛。

有一對貧窮的夫婦傑弗和艾拉。傑弗在一家小店替人搬貨，又苦又累；艾拉在做家務之餘就去附近的市場做點雜活，以補貼家用。

冬天的一個傍晚，小倆口正在吃晚飯，突然響起了敲門聲。艾拉打開門，門外站著一個凍僵了的老頭，手裡提著一個菜籃。

「夫人，我今天剛搬到這裡，就住在街對面，您需要一些菜嗎？」老人的目光落到艾拉綴著補丁的圍裙上，神情有些黯然了。

「要啊，」艾拉微笑著遞過幾個便士，「胡蘿蔔還挺新鮮呢！」

擁有無私的愛，便擁有無限的力量

老人渾濁的聲音裡又有了幾分激動：「謝謝您了。」

關上門，艾拉輕輕地對丈夫說：「當年我爸爸也是這樣賺錢養家的。」

第二天，小鎮下了很大的雪。傍晚的時候，艾拉提著一罐熱湯，踏過厚厚的積雪，敲開了對街的房門。

兩家很快成了好鄰居。每天傍晚，當傑弗家響起賣菜老人的敲門聲時，艾拉就會捧著一碗熱湯從廚房裡迎出來。

聖誕節快來時，艾拉與傑弗商量著從開支中省出一部分來替老人置件棉衣：「他穿得太單薄了，這麼大的年紀每天出去挨凍，怎麼受得了。」傑弗點頭默許了。

艾拉終於在平安夜的前一天把棉衣做好了。

平安夜那天，艾拉還特意從花店帶回一枝玫瑰，插在放棉衣的紙袋裡，趁著老人出門，放到了他家門口。

兩小時後，傑弗家的木門響起了熟悉的敲門聲，艾拉一邊說著「聖誕快樂」一邊快樂地打開門。

「嗨，艾拉，」老人興奮地微微搖晃著身子，「聖誕快樂！平時總是接受你們的幫助，今天我終於可以送你們禮物了。」

說著老人從身後拿出一個大紙袋，說：「不知哪個好心人放在我家門口的，是很不錯的棉衣呢！我這把老骨頭凍慣了，送給傑弗穿吧，他上夜班用得著。」

「還有，」老人略帶羞澀地把一枝玫瑰遞到艾拉面前，「這

105

個給妳,也是插在這紙袋裡的,我淋了些水,它美得像妳一樣。」

嬌豔的玫瑰上,一閃一閃的,是晶瑩的水滴。

奉獻愛心,去愛每一個人,是每個人都很容易做到的事。一句話、一個微笑、一束花就夠了,這對我們並沒有什麼損失,卻可能因此幫助別人走出困境,同時也收穫別人的關愛,何樂而不為呢?給予就會被給予,愛就會被愛。讓愛心的種子在我們心裡發芽吧,總有一天,我們會收穫鮮花的芬芳!

所以,善待你周圍的人吧,不要吝嗇對別人的一點點關心。也許你不經意間撒下的美麗的種子,在未來的某一天會為你的生活帶來燦爛無比的笑容。

當愛像明媚的陽光一樣照徹寒冷的心房時。我們會發現,愛本身就是一波震動的絃音,一種花香的瀰散,持久而熱烈,推己及人,這是從施愛者靈魂深處飄散出來的溫暖,得到愛的人會在自己的心田擦亮火柴般的另一份溫暖,去照耀另一顆心,儘管微弱,卻依然照亮別人。

外在富足不如內心善良與純淨

如果你珍愛生命，請用慈愛修養心靈。人的一生，如白駒過隙，轉眼而逝，金錢散盡，一切都如過眼煙雲，只有精神被人銘記……人應該追求心靈的美好。

愛心是一種高貴的品格。人人都喜歡和有著溫和氣質的人來往，金錢、權利和智慧的力量不一定比愛心的力量強大。而愛心這個美德也是金錢、權利和智慧無法獲得的。

一天下午，孤獨的特莉黛爾夫人在百無聊賴中又來到了海邊。丈夫已經出海兩個禮拜了，還是沒有任何消息，雖然這也是常事，但是她依然如此強烈地渴望丈夫的歸來。

她又像往常一樣在海邊撿貝殼，現在她最大的愛好就是收集各式各樣的貝殼。在她無意間抬頭的時候，她看到了岩石邊有一個人，那個人正努力地攀附住一塊突出的岩石，海浪一個接一個地撲打著他，看上去他就像一隻快被沒頂的可憐的鴨子。

特莉黛爾夫人不知道這個人是誰，但是她決定要去救這個處於危險之中的人。可是急遽而狂怒的海浪讓她的計畫變得不可實現。特莉黛爾夫人奔跑著去哀求幾位漁夫，百般勸說，最後許諾他們：「只要你們能把那個人救上來，我願意給

你們一筆豐厚的報酬。」

漁夫們看在錢的面子上,派了一艘船過去。就在那個人體力即將耗盡的時候,他得救了,漁夫們把他抱到船裡,船很快回到了岸上。

令特莉黛爾夫人大吃一驚並欣喜不已的是,被救的不是別人,而是她的丈夫——艾維爾‧瓦特先生。

很明顯,如果特莉黛爾夫人沒有對那個在大海裡掙扎的人付諸同情,並給予實際的幫助,她將注定永遠失去她的丈夫。這就是愛心的回饋。我們是不是應該向特莉黛爾夫人學習一下呢?

愛心是對他人的苦難、艱辛和無助的感受能力。一個富有愛心的人往往感情細膩,充滿了溫情和博愛的精神。一個富有愛心的人往往善良、寬容而慷慨。路邊的乞丐、迷途的孩子、誤入歧途的少年、一時糊塗犯錯的人,都將得到來自富有同情心者的寬容和諒解。所有的困難都將得到及時的幫助,所有的迷茫都會得到引導,所有的錯誤都將得到矯正,所有的失誤都將得到彌補,所有的邪惡都將被戰勝。

慈愛是一種境界,是一種心態,是生命盛開的鮮花,是靈魂成熟的果實。若你將它丟棄,只會使自私的根扎得更深,讓詐欺和犯罪更加氾濫,同時也讓人和人之間的關係更加冷漠。倘若一個人沒有了同情心,他必然沒有愛心,他的生活就會像他的心一樣冰冷,沒有生氣,沒有溫暖。

一生行善、說好話、懷善念

　　心體澄澈，常在明鏡止水之中，則天下自無可厭之事；意氣和平，常在麗日光風之內，則天下自無可惡之人。

　　托爾斯泰有句名言：「幸福的家庭都是相似的，不幸的家庭各有各的不幸。」在這裡，我們把他的話改編一下：「成功的人大都是相似的，不成功的人各有各的原因。」

　　成功是有規律可尋的，正如專家所說：觀念決定行為，行為養成習慣，習慣積澱性格，性格決定命運。這就是說，命運是可以改變的。許多人不相信「善有善報」，但成功人士都信仰一個成功真諦——與人方便，自己方便。天道無親，常佑善人。就是我們所說的：說好話，做好事，存好心，若將這種「三好」行為養成習慣，變成性格，那你的命運一定也隨之改變。

　　說話就是溝通，是打開他人心門的鑰匙，溝通的好，機會和快樂都會隨之而來。做好事，你就鋪平了通往成功的路徑。存好心，你就獲得了享受成功的心境。說好話，可得緣；做好事，可成器；存好心，可立身。三者兼備，人生則無往而不勝。

第三章　以善良與愛心豐富內在世界

　　西元 1535 年，也就是明嘉靖十四年，袁學海出生於一個醫生世家，他幼年喪父，由母親一手培養成人。13 歲時，準備學習醫術，繼承祖業。有一天，袁學海採藥路過慈雲寺的時候，遇到一個鶴髮童顏的孔老先生。孔老先生替他算命後勸他求功名走仕途，不要再學醫，說他能夠考上秀才的最高級別，官可以做到四川的一個縣令，沒有後代，只能活到 53 歲。

　　袁學海按照孔先生的建議棄醫求學，果然考取秀才，後來的經歷都被孔先生一一言中。他慢慢地開始相信命運。既然命運都是天定不能改變，還有什麼可奮鬥的？從此他開始消沉。

　　當上地方官後不久，袁學海就去拜訪當地的禪寺，那裡有一位有名的高僧，叫雲谷禪師。他與雲谷禪師一起坐禪。禪師見袁學海打坐時氣定神閒，無思無念，非常佩服，問道：「你打坐時如此毫無雜念，究竟曾在何處修道？」袁學海就一五一十地把孔老先生替他算命的事告訴了雲谷禪師。

　　聽到這話，雲谷禪師的表情由柔和轉為嚴峻，雲谷禪師說：「太甲曰：『天作孽，猶可違；自作孽，不可活。』詩云：『永言配命，自求多福。』孔先生算你不能登科第，沒有後代，這是人的命運，就叫做『天作孽』，這是可以透過努力改變的；你要修煉道德，多行善事，多積陰德，這些都是你自己所積的善德，哪有得不到回報的？」

　　袁學海聽了後深受啟發，從那一天起就改號了凡，並決定行善事三千件，記錄善事與不善事，每做一件不善事，就

要抵消一件善事。

西元1570年科舉考試,孔先生算他應該考第三名,結果他考了第一名,命運已經開始改變了。

西元1581年,46歲的袁了凡喜得貴子。

西元1586年考中進士,被朝廷任命為河北省寶坻縣縣長。過了七年,又被擢升為兵部「職方司」的主管人。

74歲袁了凡過世,為後人留下了《了凡四訓》。

這個故事淺顯而寓意頗深,各行各界許多人物、許多企業的榮枯盛衰,正好與這故事的寓意相合。人生不可否認命運的存在,但命運絕非不可改變。只要像故事中的「了凡」一樣,堅持一輩子說好話、做好事、存善念,命運就會朝好的方向轉變。

印光大師說:人人存好心,說好話,做好事,自能國家得護,而災禍不起矣。我們不要被命運束縛住,改變自己的言與行,「勿以善小而不為,勿以惡小而為之」,就能「斷惡修善」,災消福來。

人生是「諸行無常」、「波瀾萬丈」的,有幸運,也有災難。幸運也罷,災難也罷,都可看作對我們的考驗,幸運時不得意忘形,災難時不怨恨、消沉,不要牢騷滿腹。好運時不必說,時運不濟時,也要心存善念,摒除惡意,並持之以恆,習以為常。這樣,我們的人生就一定會變得更美好,更有意義。

第三章 以善良與愛心豐富內在世界

以慈悲為力量,讓愛成為武器

有時候,一個小小的善行,就會鑄就大愛的人生舞臺。充滿慈悲心的人往往比別人能享受更大的幸福,因為他們有三個幸福來源:自己的幸福,別人的快樂,還有自己對別人的付出。

慈悲是這個世界上最好的品格,善良的人是這個世界上最受歡迎的人,因為我們或者不夠善良,或者希望自己更加善良。我們喜歡慈悲的人,喜歡和他們在一起。慈悲的人很純粹,和他們在一起很有安全感,在遇到困難的時候,他們會傾力相救,甚至不惜犧牲自己。慈悲的人在付出他們的仁慈的時候是一片赤心和真心,從沒有想過要得到回報。慈悲為懷,這是一種無形的力量,終究會得到他人的尊敬和愛戴。

《西遊記》裡的唐三藏雖然是神話中的人物,但他的一顆慈悲心堪稱我們的楷模。唐三藏沒有孫悟空的法力,不及豬八戒的智慧,甚至連沙僧的力量都不如,但他卻能夠集合眾人的力量,危難時刻往往化險為夷。唐三藏之所以能夠經

歷重重磨難,最終到達西天,取得真經,靠的就是他的慈悲心。他的慈悲心感化了三界,皇天不負苦心人,唐三藏終於成為人人敬仰的法師。

兩個和尚想拜唯信禪師為師。

唯信禪師把他們領到一塊草地,由於旱災,草都枯萎了,以草為食的野兔也都橫屍遍野。

唯信禪師說:「你們從這裡開始,誰先走過這片草地我就收誰為徒。」

身強力壯的和尚聽了,對瘦弱的和尚說:「你還是認輸吧,免得到時候出醜。」

瘦和尚沒有理他。

比賽開始了,壯和尚兩腳生風,幾分鐘不到就跑到了終點。而瘦和尚走了沒有多遠,就看見一隻奄奄一息的野兔以哀憐的目光看著他,他本能的停下來,抱起野兔繼續奔跑。在路上,一連碰到了三隻快要病死餓死的野兔,瘦和尚哪個都沒有丟下。由於抱著三隻野兔,瘦和尚不能跑了,只好小心翼翼的步行。因此等瘦和尚走出草地的時候,太陽都快要下山了,整整比壯和尚晚了兩個時辰。

瘦和尚主動認輸,出乎意料的,唯信禪師卻說:「你沒有輸,你贏了。我將收你為徒。」

壯和尚大為不解,問道:「大師,請問這是為什麼?」

「我從不收那些為了達到目的而不擇手段的人為徒。我覺

第三章　以善良與愛心豐富內在世界

得你不具備出家人的資格。出家人應慈悲為懷，而你卻見死不救。是這些兔子讓我了解你，也是這些兔子讓你輸掉了這場比賽。」

當然，慈悲不是出家人的專利，救人於危難之中，是我們每一個人義不容辭的責任。在西方世界，聖誕老人是最慈悲的人，深受全世界人們的喜愛。無論高貴或卑賤，無論貧窮或富裕，無論疾病或健康，聖誕老人在12月25日這一天，都會從各家的窗戶爬進來，把禮物放進孩子事先準備好的長筒襪裡，風雨無阻，從沒有遺忘任何一家的孩子。雖然聖誕老人是虛構的人物，但卻表達了人類對善良的共同願望：我們但願這個世界因為慈悲心而更美好。

慈悲為懷絕不是一種簡單的同情心，它是一種無形的相助，一種博大的愛，是一股矯正世俗的春風。道家的始祖老子說得好：「上善若水」。是的，「水溶萬物而不爭」，慈悲為懷者與水一樣能溶解萬事萬物，化解人間恩仇；「海納百川，有容乃大」，慈悲為懷者能包容一切，胸懷博大；「水質透明，清澈見底」，慈悲為懷者白日為善，夜來省己，心如明鏡……

慈悲為懷不是針對某一個人，也就是說不能對某些人仁慈而對某些人不仁慈，我們的仁慈應該是一視同仁的。我們喜歡某一個人，就對他好，這不是慈悲，這僅僅是個人的喜好而已。我們不喜歡一個人，但當他遇到困難的時候，我們

仍然能夠施與援手，這才是慈悲。我們對事不對人，我們可以不喜歡某人，但不可以剝奪他接受仁慈的權利。

古代朝鮮有一名叫長今的女子原本是御膳廚房的一名上贊內人，由於受到仇人的迫害被發配到濟州島。按照慣例，被趕出宮的內人是不能再回到宮裡的。

在濟州島，長今遇到一位叫張德的醫女。張德告訴她，要想再回到宮裡，只有一個辦法，勤學醫術，然後等待朝廷來選拔各地衙門的醫女進宮。

長今天資聰穎，加之勤學苦練，醫術漸長。

終於等到朝廷選拔醫女的通知。前幾輪知識性的考試長今都是第一，只剩下最後一輪實踐性的考核了。那就是替真正的病人看病。長今信心十足，因為在之前她已經有過這方面的實戰經驗了。可是萬萬沒有想到的是，命運又向她開了一個玩笑，她要看的病人竟然是陷害她的一名仇人。那一刻，她有點動搖。她曾想過，堅決不替她看病或者故意誤診，以此來報心中積鬱的深仇大恨。但是如果這樣，她所做的一切就前功盡棄了。左思右想，還是放下了仇恨，把對方當作一名普通的病人來看待，最終長今通過了最後的一場考試，以優異的成績被選為內醫院的醫女。

醫者父母心，醫生最需要的就是一顆博愛而仁慈的慈悲心，只有把病人當作自己的孩子一樣來愛護，你的醫術才會不斷長進。如果僅僅是把行醫當作一種手段，是不會成為一名好醫生的。因為醫生面對的是一個人的健康和生命，病人

就是我們的孩子,這是一名醫生必須具備的信念。

慈悲為懷是做人的一種積極和有意義的行為。它可以為自己創造一個寬鬆和諧的人際關係,使自己有一個發展個性和創造力的自由天地,並享受到一種施惠與人的快樂,從而有助於個人的身心健康。慈悲為懷可以為我們帶來好心情,還可以帶給我們身體上的健康。現實生活中,有些人不討人喜歡,甚至四面楚歌,主要原因不是大家故意和他們過不去,而是他們在與人相處時總是自以為是,對別人百般挑剔,隨意指責,造成矛盾。只有處處慈悲為懷,嚴以責己,寬以待人,才能建立與人和睦相處的基礎。在很多時候,你怎麼對待別人,別人就會怎麼對待你。因此,我們應該要待人如待己。在你困難的時候,你的善行會衍生出另一個善行。

慈悲為懷並不是為了得到回報,而是為了讓自己活得更快樂。慈悲為懷其實極易做到,它並不要你刻意做作,只要有一顆平常心就行了。在日常工作和生活中,你無非是想豐富生活,實現價值。而這所有的一切,歸根結柢,都來自於是否慈悲為懷,善待他人。慈悲為懷使你有一種充實感,你知道沒有很多人會故意和你過不去。慈悲為懷不僅給你財富,還使你擁有被他人喜愛的充實感。

可見，慈悲為懷是人們在尋求成功的過程中最好的武器。在當今這樣一個需要合作的社會中，人與人之間更是一種互動的關係。善待別人、幫助別人，才能處理好人際關係，從而獲得他人的愉快合作。那些慷慨付出、不求回報的慈悲為懷者，往往更容易獲得成功。

第三章　以善良與愛心豐富內在世界

珍愛自己，也要學會愛別人

一個人不但要愛自己，還應當把這種愛的感情擴散出去，以愛己之心去愛他人。

自愛，是我們感受幸福的前提，也是愛別人的先決條件。

只有愛自己，我們的心才能觸碰到世界真實而深刻的一面。擁有自愛的人生，不會孤獨寂寥；懂得自愛的人生，是能夠體會美好的人生。有句話說得好，給予人生命歡樂的人，必是自己充滿著生命歡樂的人。

心理學上的愛自己，不僅是「你值得擁有……」，還包括承認自己的某些價值、照顧好自己、保護自己的私人領地、保護自己的身體健康和心理健康、了解自己的真實興趣，等等。愛自己，首先是了解並認識自己。自愛不是自私，不是自我中心，也不是自大。一個不愛自己的人，很難真正了解自己。愛自己也是對自己擁有探索的興趣，願意對自己完全開放，坦誠與自己溝通，知道什麼能真正使自己幸福和滿足，也就是真正地了解自己。只顧自己的利益，不考慮別人

的行為稱不上愛字。自私往往是因為不愛自己，所以才會不停地索取。自愛不是只考慮自己，相反，我們越能接受和寬容自己，就越能接受和寬容他人，越能愛他人。

有位哲人說：「學會自愛，就必須拋掉心中的自卑和自負。」自愛也不同於精神分析學派所說的自戀。自愛源自善意和尊重，缺乏自愛會直接影響我們與他人的關係。其表現主要有：缺乏信心、多疑、不信任他人。假如不愛自己，就沒有能力愛別人。不愛自己甚至厭惡自己的人，不會耐心地守候，自然也不會有快樂。一個連自己都不愛的人，無論如何都不會是一個可愛的人，自己都嫌棄自己，當然不會真正去愛別人，那樣的人同樣不會得到別人的愛。

在愛自己的同時不冷落他人，在愛他人的同時也不冷落了自己。只有懂得愛自己的人，才會懂得愛別人。懂得愛別人，不去指責，不去推諉，不再冷漠，不再抱怨，我們會發現這個世界在悄悄改變，變得越來越美。

非洲的一個部落酋長有三個女兒，前兩個女兒既聰明又漂亮，都是被人用九頭牛作聘禮娶走的。在當地，這是最高規格的聘禮了。第三個女兒到了出嫁的時候，卻一直沒有人肯出九頭牛來娶她，原因是她非但不漂亮，還很懶惰。

後來，一個遠方來的遊客聽說了這件事，就對酋長說：「我願意用九頭牛來換你的女兒。」

酋長非常高興，真的把女兒嫁給了外鄉人。

過了幾年，酋長去看自己遠嫁他鄉的三女兒。沒想到，女兒變成了一個氣質脫俗的漂亮女人，而且能親自下廚烹飪美味佳餚來款待他，酋長很震驚，偷偷地問女婿：「難道你是巫師嗎？你是怎麼把她調教成這樣的？」

女婿說：「我沒有調教她，我只是始終堅信你的女兒值九頭牛，所以她就一直按照九頭牛的標準來做了，就這麼簡單。」

心理暗示的作用非常神奇，我們對他人的愛也是一種心理暗示，透過對他人的關心、讚美、肯定，讓他人得到心理上的認同感，從而使自己和他人都得到一種心理滿足。如果你每天試著發自內心地讚美他人，而不是訴苦或抱怨，那麼你一定會發現，對方也在悄悄地改變 —— 而且正是朝著你所希望的方向。

學會去愛別人，學會感動，懂得珍惜。珍惜擁有，珍惜自己，過好現在，抓住現在擁有的愛，就是一種幸福，一種美。愛是仁厚、善良、賢德的化身，是一個人良好的人格魅力與品格操守的集中表現，是寒冬裡的暖日，是酷暑中的涼雨，是困境時的希望，是病痛時的生機。

「相逢何必曾相識」，人與人之間的關愛不是只存在於親朋好友間，我們應該充滿熱情地幫助任何一個需要我們的人。擁有一顆真誠的愛心，不論對他人或對於我們自己都是

彌足珍貴的，每個人都要學會愛世界、愛別人、愛生活。

「贈人玫瑰，手留餘香」。對身邊的人和事多一份關愛之心，你會發現，其實你可以幫助很多人，你也會變得更快樂，可能只是一句話，甚至一個微笑。你付出了愛，同時也得到更多的愛。

第三章　以善良與愛心豐富內在世界

用大愛擁抱世界，感受生活的美好

愛是快樂的使者，也是幸福的傳遞員。心中有愛，便覺得世間萬物都能惹人喜歡。愛上你周圍的一切吧，愛是這世上最美好的情感！

愛，能夠帶給人們最深層的快樂，一切皆因愛而生，一切皆如期而至！

一般人都具有不同程度的愛心，但是這個愛心是「小愛」，而不是大愛。小愛是有前提的愛，是講條件的愛，是講互惠的愛，是講互利的愛。大愛是引領人走出心中煩惱的束縛，不受爭鬥心、嫉妒心、傷害心所擾的愛，大愛是一種無傷的愛，一種無求的愛，就像太陽愛小草。

人們希望得到別人的愛，一旦被剝奪了這種愛，人的內心就無法平靜，快樂也就無從談起。但更為重要的是，將我們的愛奉獻給社會，奉獻給他人，這也是我們的內在需求。

但是，我們心中的愛並不是天生的，它也是要時時刻刻的培養，從不斷的領悟和感受中得來的。出門以前，就要先起一個好心，培養這麼一個愛的念頭，留心遇到的人和事，從一點

一滴做起。心懷大愛，從身邊做起，就像愛默生詩中所說的那樣：「一切皆因愛而生，只要忠於此心；朋友，親人，所有美好的日子，地位和名聲，理想、榮譽和天才，一切都如期而至。」

有一天，德蕾莎要到巴丹醫院商量工作，在靠近車站的廣場旁發現了一位老婦人，倒在路上，像是死了一般。德蕾莎蹲下來仔細一看：破布裹著腳，爬滿了螞蟻，頭上好像被老鼠咬了一個洞，殘留著血跡，傷口周圍滿是蒼蠅和蛆蟲。她趕緊替老婦人測量呼吸及脈搏，似乎還有一口氣，她為她趕走蒼蠅，驅走螞蟻，擦去血跡和蛆蟲。德蕾莎心想，如果任她躺在那裡，必死無疑。於是她暫時放棄了去巴丹的行程，請人幫忙把老婦人送到附近的醫院。醫院起初對這個的老婦人不予理會，但在德蕾莎的再三懇求下，便替老婦人醫治。醫生對德蕾莎說：

「她病得很重，必須暫時住院，等脫離危險期後，需要找個地方靜養。」

德蕾莎把病人託付給醫院後，立即到市公所保健所，希望那裡能提供一個讓貧困病人休養的地方。市公所保健所的所長是位熱心的人，他仔細聽完德蕾莎的請求後，便帶她來到加爾各答一座有名的卡里寺院，答應將寺廟後面信徒朝拜的一處地方免費提供給她使用。他們這一作法一開始受到印度教區婆羅門的強烈反對，理由是德蕾莎修女不是印度人，然而德蕾莎修女不畏反對，依然在街頭搶救許多臨危的病患到收容所來替他們清洗，給他們休息的地方，其中也包括印

第三章 以善良與愛心豐富內在世界

度教的僧侶,此舉感動了許多的印度人,於是反對聲浪就漸漸的平息了。

自從找到這個落腳處後,不到一天的時間,修女們就將三十多個最貧困痛苦的人安頓了下來。其中有個老人,在搬來的那天傍晚即斷了氣,臨死前,他拉著德蕾莎的手,用孟加拉語低聲地說:

「我一生活得像條狗,而我現在死得像個人,謝謝了。」

德蕾莎,一個滿面皺紋、瘦弱文靜的普通修女,卻是1979年諾貝爾和平獎的得主。她贏得了印度舉國上下一致的愛戴,乃至全世界人民的景仰。這麼多年過去了,她的事蹟仍廣為流傳。在她偉大而崇高的精神中,最令人感動的就是,她的一生都在追尋著這樣一個真理:我們做不了最偉大的人,但我們可以用偉大的愛來做生活中每一件最平凡的事。德蕾莎修女有一句名言:「假如你愛至成傷,你會發現,傷沒有了,卻有更多的愛。」

愛上周圍的一切。人生在世,只有心存善念,懷抱大愛,專心致志地做好身邊的每一件小事,透過生活的鍛鍊、磨礪、積澱,才能增長才幹,豐富經驗,才能有大的發現和作為。正如德蕾莎修女一樣,用愛心關注身邊的每一件小事,因此,即便一開始是極普通、極平凡的小人物,最後卻贏得了世人的尊重,成為了事業上最成功、最富有的人。他們擁有愛、給予愛、所以也收穫愛。

分享是快樂的捷徑，
越早學會越幸福

　　分享是一種博愛的心境，學會分享，就學會了生活。分享是一種生活的信念，明白了分享的同時，也明白了存在的意義。

　　生命中總有很多東西是需要有人來一同分享的。在願望實現的時候，希望可以和愛人一起分享那份滿足；在事業成功的時候，希望可以和家人一起分享那份成就；做了一桌豐盛的菜餚，買了幾袋美味的小吃，也特別希望能和好友一起分享。分享是一種快樂，是真心的朋友都會願意與之分享生活中一點一滴的快樂。

　　和別人分享快樂，快樂就像給足了養分的細胞一樣迅速分裂，其潛力和速度都是驚人的。生活需要分享，要學會分享你的一切，你的快樂，你的悲傷，你的驕傲，你的倔強和你的真正的朋友，你愛的人和愛你的人，你的家人……，這樣會拉進你們的距離。沒有人分享的人生，無論面對的是快樂還是痛苦，都是一種懲罰。

第三章　以善良與愛心豐富內在世界

人生的樂趣，在於分享。正如孟子所說：「獨樂樂，不如與眾同樂。」我一份快樂，分給你一些，我還是一份快樂，你也有了一份快樂。智慧處世，我們不能自私貪求，不能只想「別人能給我什麼」，因為施者的境界比受者更寬大，施者所獲得的快樂比受者更豐富。唯有與人分享快樂、幸福，隨時隨地去關心別人的痛苦，協助他人解脫苦難，才是有意義有價值的人生。

分享愛，分享勞動，分享喜悅乃至分享痛苦，這都是我們所需要的。有些人總是斤斤計較，做什麼事情總怕自己會吃虧，更怕讓別人得了便宜，這樣的人就是沒有領悟到分享的真諦。懂得分享，我們才會在生活中感受更多的快樂。

一個精明的花草商人，千里迢迢從遙遠的非洲引進了一種名貴的花卉，培育在自己的花園裡，準備到時候賣個好價錢。對這種名貴的花卉，商人愛護備至，許多親朋好友向他索要，一向慷慨大方的他卻一粒種子也不給，他計劃繁育三年，等擁有上萬株後再開始出售和餽贈。第一年的春天，他種的花開了，花園裡萬紫千紅，那種名貴的花開得尤其漂亮，就像一縷縷明媚的陽光。第二年的春天，這種名貴的花已繁殖出了五六千株，但他發現今年的花沒有去年開得好，花朵略小不說，還有一點點的雜色。到了第三年的春天，名貴的花已經繁殖出了上萬株，令這位商人沮喪的是，這些花的花朵變得更小，花色也更差了，完全沒有了它在非洲時的雍容和高貴。當然，他也沒能靠這些花賺上一大筆錢。

難道這些花退化了嗎？可非洲人年年養這種花，大面積地年復一年地種植，並沒有見過這種花會退化呀！百思不得其解，他便去請教一位植物學家，植物學家來到他的花園看了看，問他：「隔壁種植的也是這種花嗎？」

他搖搖頭說：「這裡只有我一個人有這種花。」

植物學家沉吟了半天說：「我知道你這名貴之花不再名貴的祕密了。儘管你的名貴之花種滿了這個花園，但你比鄰的花園卻種植著其他的花卉，你的這種名貴之花傳授了花粉後又染上了比鄰花園的花粉，所以你的名貴之花一年不如一年。」

商人問植物學家該怎麼辦，植物學家說：「誰能阻擋風傳授花粉呢？要使你的名貴之花不失本色，只能讓你鄰居的花園也種上這種花。」

於是商人把自己的花種分給了自己的鄰居，次年春天花開的時候，商人和鄰居的花園幾乎成了花的海洋，花色典雅，花朵肥大，雍容華貴，這些花一上市便搶購一空，商人和鄰居都發了大財。

這個故事正說明了：利己也利他，要達到雙贏才能把事情做成功。一個蘋果分給 10 個人吃，讓大家都感受蘋果的香甜，那 10 個人下次就會分別拿出不同的水果請你吃，你的收穫和快樂就是多重的。這是一種成功哲學，也是一種廣義上的快樂。

第三章　以善良與愛心豐富內在世界

　　在生活中，幫助別人也是幫助自己，想得到別人的幫助，就得先學會幫助別人；希望自己生活得好的人，也應該幫助其他人生活得更好；渴望快樂幸福的人，應該把自己的快樂幸福與別人分享。人生在世，誰都不可能孤立地存在，只有當個人的快樂與大家的快樂緊密連繫在一起時才是真的快樂。

　　快樂的分享，痛苦的承擔。在你與人分享的時候，就肩負著一份重任：讓他更快樂，讓痛苦全部溜走，讓陽光灑滿你的心靈！

伸出援手，助人亦是助己

　　哪怕只是一個簡單的微笑，一把微不足道的雨傘，只要能夠保留善良的心靈，就擁有了茂盛成風景的種子。為別人撐開雨傘，撐起的可能就是自己的一片景緻。

　　俗話說：「投之以桃李，報之以瓊瑤。」在日常生活的許多偶然事件中，我們只是無意的付出一點點，往往會得來一個意想不到的結果。也許正是因為你無私地坦露了心靈，用善良、博大的心去真誠地做了些事情，所以才會更加令人感動。如果有一天，連上帝都被感動了，你的好運就會來臨。

　　10多年前，美國移民潮風起雲湧。一個叫邁克的年輕律師在一個移民集中的小鎮，成立了一家律師事務所，專門受理移民的各種事務和案件。創業之初，儘管他很勤奮，但仍然窮得連一臺影印機都買不起。他整天開著一輛破車，來往於移民之間，盡自己的所能，真誠地幫助需要幫助的移民。後來，隨著邁克的律師事務所在當地小有名氣，財富也接踵而來，他的辦公室擴大了，並有了自己的雇員和祕書。

　　正當事業如日中天的時候，邁克一念之間將所有的資產都投資於股票，並且幾乎全部虧盡。更不巧的是，由於美國

移民法的修改,職業移民額削減,他的律師事務所門庭冷落,終於破產了。正在他不知如何度過下半生、感嘆人生無常時,他收到了一位公司總裁寄來的信。信中說他願意把公司40%的股份無償贈送給邁克先生,並且旗下的兩家公司隨時都歡迎他做終身法人代表。

邁克簡直不敢相信自己的眼睛,這是真的嗎?是誰會在自己最困難的時候幫助自己?邁克決定親自去拜訪這位總裁。

他是一位四十開外的波蘭裔中年人。「還認識我嗎?」總裁微笑著問邁克。邁克搖頭,怎麼也想不起在哪裡見過他。總裁從碩大的辦公抽屜中,拿出一張皺巴巴的5塊錢匯票和一張寫有邁克名字和地址的名片。然後,總裁接著說:「10年前,我來到美國時,準備用身上僅有的5美元去辦理工卡,但當時我不知道工卡已經漲到了10美元。當排到我的時候,辦事處快下班了,如果我當天沒辦到工卡,那麼我在公司的職位將會被別人頂替,而此時你從身後遞過來5美元,當時我讓你留下姓名、地址,以便日後把錢奉還……」

邁克漸漸想起這件事了,他問:「後來呢?」

「不久我在這家公司連續申請了兩個專利,事業發達起來,是你這5美元改變了我對人生的態度和方向。」

這個故事聽起來好像極為偶然,但偶然的發生其實也蘊含著一種必然。一個善良的具有憐憫心的人,總會在不經意時幫人一把,他們沒有將此行為看作是一種付出,而是覺得

能伸手幫人一把就幫了，沒有想過要得到回報。但善良的付出總會得到回報，這種回報與其說是上帝的賜予，不如說是我們自己種下的善因。處處播種善因，必定收穫善果！

生活從來都是公平的，雖然它什麼也不說，卻在用時間詮釋這樣一個真理：我們越是去幫助別人，越能使自己得到更多。

商品社會使越來越多的人學會了「勢利眼」，他們忙於太多的「錦上添花」，而不是「雪中送炭」。有的人為了自己的利益，去損害別人的利益，還常常「落井下石」。但是這種行為終究經不起時間的考驗，總有一天會不攻自破。我們應該明白，世事無常，誰都不知道將來會需要誰的幫助，與人方便，自己也方便，何樂不為？

你為別人著想，別人也為你著想，這是一項簡單而快樂的「回報效應」——凡真心助人者，最後沒有不幫到自己的。

生活當中正因為有了像邁克一樣真誠助人的人，才讓我們感到了人與人之間的溫暖。而當你幫助別人的時候，雖然是無意的，卻無心插柳柳成陰，將來也許會為自己帶來機遇和成功。

這其實是個很有趣的現象，結果往往呈現出一個正比關係：當我們越是毫無保留地坦露自己的心扉，去真誠地對待他人，就越能夠獲得對每個人來說異常珍貴的東西，比如微笑、愛和財富。

第三章　以善良與愛心豐富內在世界

別讓自私阻礙人生的成長

給予是一種利己行為，在付出的同時，也將收穫一份助人後的快樂。接受與給予同在，學會給予是人生的最高境界。

人性中最古老、最深切的稟賦就是自私。人是社會化的動物，人們的生活總是與他人緊密相連，自私自利最終影響的是個人的生活和工作。如果人人都標榜獨善其身、信奉自私為座右銘，那麼這個世界必將暗無天日，這個社會也必將走向衰亡。

自私自利的人，他們所有的付出都是為了得到，他們的付出都是一種「投資」，而不是「消費」；他們的付出具有強烈的、要求及時回饋的目的性，這種帶有強烈目的性的付出本身就會阻礙自己的路。

有三隻老鼠結伴去偷油喝，可是油在缸底，油缸非常深，牠們根本喝不到。最後牠們想出了一個很棒的辦法，就是一隻咬著另一隻的尾巴，吊下缸底去喝油，牠們取得一致的共識：大家輪流喝油，有福同享，誰也不能獨自享用。

第一隻老鼠最先吊下去喝油,牠在缸底想:「油只有這麼一點點,大家輪流喝多不過癮,今天算我運氣好,不如自己喝個痛快。」夾在中間的第二隻老鼠也在想:「下面的油沒多少,萬一讓第一隻老鼠把油喝光了,我豈不是什麼都得不到,我幹嘛這麼辛苦地吊在中間讓第一隻老鼠獨自享受呢?我看還是把牠放了,乾脆自己跳下去喝個痛快。」第三隻老鼠則在上面想:「油那麼少,等牠們兩個吃飽喝足,哪裡還有我的份,倒不如趁這個時候把牠們放了,自己跳到缸底喝個飽。」

於是第二隻老鼠狠心地放掉了第一隻老鼠的尾巴,第三隻老鼠也迅速放掉了第二隻老鼠的尾巴。牠們爭先恐後的跳到缸底,渾身溼透,一副狼狽不堪的樣子,加上腳滑缸深,便再也逃不出油缸。

正是自私堵住了三隻老鼠的出路。其實在每個人的心底,都有著想要維護的東西,就像畫一個圈,把自己包括進去,圈內便是要維護的東西,屬於自私的範疇,圈內與圈外,是格格不入的關係。

很多時候,我們在苦苦思索解決圈內外的矛盾的時候,是否意識到,一個簡單的方法就是把圈畫大一點。還有矛盾?再畫大一點。當圈子無限擴大,沒有邊界,就成了無私。因此,在生活中,無論是對人還是對己,都要多一分寬容和愛心,少一分狹隘和自私。

第三章　以善良與愛心豐富內在世界

　　印度有這樣一句古諺：贈人玫瑰之手，經久猶有餘香。給予是一種利己行為，在付出的同時，也將收穫一份助人後的快樂。給予是一種高尚的品格，在別人需要的時候伸出援助之手，不僅能讓接受者走出困境，也能使給予者獲得心靈上的洗禮。

　　巴勒斯坦有兩個湖泊，一個是淡水湖，名為伽里里海，裡面有魚兒歡快地暢游。從山脈流下來的約旦河帶著飛濺的浪花，成就了這個湖泊。它在陽光下歌唱，人們在周圍蓋房子，鳥兒在茂密的枝葉間築巢，每種生物都因它而幸福。

　　約旦河向南流入另一個湖泊。這裡沒有魚兒的歡躍，沒有樹葉，沒有鳥兒的歌唱，也沒有兒童的歡笑。除非事情緊急，旅行者總是選擇別的路徑。這裡水面空氣凝重，沒有哪種動物願意在此飲水。

　　這兩個湖彼此相鄰，何以如此不同？不是因為約旦河，不是因為土壤，也不是因為周邊的國家。區別在於，伽里里海接受約旦河，但絕不把持不放，每流入一滴水，就有另一滴水流出，接受與給予同在。

　　另一個湖泊則精明得厲害，它吝嗇地收藏每一筆收入，絕不向慷慨的衝動讓步，每一滴水都只進不出，便成了死海。

　　同樣，世上有兩種人，一種人樂善好施，另一種人自私自利。學會給予是人生的最高境界。美國盲人女作家海倫·

凱勒說到自己快樂的訣竅:「我發現生活很令人興奮,特別是你為他人而生活」。學會給予,將自私踩在腳下,生活才會更精采,生命才會更有意義。

第三章 以善良與愛心豐富內在世界

第四章
寬恕與包容，
讓人生更加順遂

　　恢弘大度，胸無芥蒂，吐納百川。飛短流長怎麼樣，黑雲壓頂又怎麼樣，心中自有一束不滅的陽光。以風清月明的態度，從從容容地對待一切，待到廓清雲霧，必定是柳暗花明的全新世界。寬容別人的人，他的心中必定流淌的是愉悅；被別人寬容的人，他的心中必定綻放的是感激。

第四章　寬恕與包容，讓人生更加順遂

擁有寬廣的胸襟，才能成就大事

縱觀古今中外，大凡有所作為的人，除自身才智卓越和堅定追求外，還有一個共同的秉性，就是胸懷大度。他們能以自己開闊的胸襟去對待世間萬物，用那顆博大的心去寬容世間的冷嘲熱諷。

胸懷大度是一種高尚的品格。它容萬物於胸襟，萌和善於心田，在博大中顯出深沉與完美。在滄海桑田的世上，胸懷大度者在寬容別人的同時也開發了自己，世間也因他們多了祥和與寧靜。

心胸狹窄、目光短淺的人是難以成大事的。人生的許多大問題之一就是「性格」問題，由於不合群性格的存在，使得人與人之間產生了許多困擾及難題。一個能成就一番事業的人，一定是一個心胸開闊的人。

胸襟是否開闊是衡量一個人能否成就大事的重要指標，因為胸襟越開闊的人，往往眼光高遠，不計小利，以大局為重；相反，胸襟狹小，只會看重蠅頭小利。「大丈夫行不更名，坐不改姓，行得正，走得端」，這是俗話，但也體現了一

擁有寬廣的胸襟，才能成就大事

個人做人做事的原則。

小事情會使人偏離自己本來的主要目標和重要事項，因此，有積極心態的人不會把時間花在這些小事上。如果一個人對一件無足輕重的小事情作出反應──小題大做的反應──這種偏離就產生了。以下這些小事情的荒謬反應應該引以為鑑。1654年的瑞典與波蘭之戰僅僅是因為在一份官方文書中，瑞典國王的附加頭銜比波蘭國王少了一個。大約900年前，一場蹂躪了整個歐洲的戰爭竟然是因桶的爭吵而爆發的。有人不小心把一個玻璃杯裡的水濺在託萊侯爵的頭上，就導致了一場英法大戰。一個小男孩向格魯伊斯公爵扔鵝卵石，導致瓦西大屠殺和30年戰爭。

雖然由一件小事引發一場戰爭在我們的身上發生的可能性不大，但我們可能會因小事而使周圍的人不愉快。因此說，一個人為多大的事情發怒也就說明了他的心胸有多大。拿破崙·希爾認為，在人生的舞臺上，應該選擇當一名焦點人物，扮演重要的角色。把自己的性格塑造得更得人心，也就更接近成功。

戰國時期，趙國有一個出名的武將廉頗，攻無不克，戰無不勝，立下了汗馬功勞，被封為上卿。藺相如因「完璧歸趙」有功，被封為上大夫，不久又在澠池會上，維護了趙王的尊嚴，因此也被提升為上卿，且位在廉頗之上。廉頗對此不服，很不滿，揚言說：「我要是見了他，一定要羞辱他一

第四章 寬恕與包容，讓人生更加順遂

番，和他比個高低，他算什麼呀！」

藺相如知道後，就有意不與廉頗會面。別人見藺相如總是躲著廉頗，都說藺相如害怕廉頗，為此廉頗很得意。可是藺相如卻說：「我哪裡會怕廉將軍？我避開廉將軍，是不想讓私人恩怨影響國事，現在秦國是有點怕我們趙國，這主要是因為有廉將軍和我兩個人在。如果我們內部不團結，我跟他互相攻擊，那只會對秦國有益。我是為了顧全大局，不想因為一點私人恩怨耽誤整個國家！」

廉頗知道藺相如說的話後十分感動，便光著上身，背負荊杖，來到藺相如家請罪。他羞愧地對藺相如說：「我真是糊塗，想不到你這樣寬宏大量，廉頗知錯了！」兩個人不計前嫌，結成誓同生死的朋友，共同為趙國奉命效勞。

人生的許多大問題之一就是「性格」問題，由於不合群性格的存在，使得人與人之間產生了許多困擾及難題，並且它們均是由於人與人之間不能和諧相處而產生的。由於彼此個性的衝突，造成了多少家庭的破碎，友誼的決裂、勞資的矛盾等，甚至國與國之間也因為觀點未能一致而演變成干戈相見。

在這個問題上，我們可以做出自己的選擇。你可以讓自己做一個友善的人，也可以去做一個難相處的人；你可以熱心助人，也可以拒人於千里之外；你可以與人虛心合作，也可以固執己見；你可以使自己激動，也可以要自己冷靜；你

可以讓自己發脾氣,也可以使自己對那些原本會使你生氣的事淡然處之;你可以做一個和藹可親的人,也可以做一個尖酸刻薄的人;你可以信任別人,也可以對誰都不信任;你可以自以為人人都與你為敵,也可以自信大家都喜歡你;你可以乾乾淨淨、清清爽爽,也可以邋邋遢遢、不修邊幅;你可以蹉跎、怠惰,也可以雄心勃勃⋯⋯難道你不能自己做選擇嗎?答案是肯定的,你當然能。

一個能成就一番事業的人,定是一個心胸開闊的人。年輕人要成大事,一定要有一個開闊的胸懷,只有養成了使自己的胸襟開闊,坦然面對、包容一些人和事的習慣,才會在將來取得事業上的成功與輝煌!

第四章　寬恕與包容，讓人生更加順遂

能讓一步就讓一步，能包容就包容

大肚能容，容天容地，於己何所不容？有了寬容的胸懷，才有來自心底的快樂。如果整日被仇恨所圍繞，我們還有多少屬於自己的自由空間呢？

在日常生活中，同事、朋友間難免有矛盾、有爭執，家庭中夫妻互罵、兄弟反目、婆媳失和等也不鮮見。如果事後大家平心對待、互相理解，或者事前能多一分寬容、多一分忍讓，這類不愉快的事情是不會經常發生或者本身就可以避免的。

大千世界，難免有被人誤會的時候，如果一點誤會都容不下，心胸是不是有點太過於狹窄了呢？

邱吉爾退休後，有一次騎著一輛腳踏車在路上閒逛。這時，也有一位女士騎著腳踏車，從另一個方向急駛而來，由於煞不住車，最後竟撞到了邱吉爾。

「你這個糟老頭到底會不會騎車？」這位女士惡人先告狀地破口大罵，「騎車不長眼睛嗎？」

「對不起！對不起！我還不大會騎車。」邱吉爾對那位女

士的惡行惡狀並不介意,只是不斷地向對方道歉,「看來妳已經學會騎車很久了,對不對?」

這位女士的氣立刻消了一半,再仔細一看,他竟然是偉大的首相,只好羞愧地說道:「不……不……你知道嗎?我是半分鐘之前才學會的……教我的就是閣下。」

邱吉爾的智慧確實令人驚嘆,然而更令人敬佩的卻是他那寬以待人的風度。他用智慧寬恕了別人,也為自己創造了融洽的人際關係。如果他不採取這種方式,而是針鋒相對,又會怎樣呢?結果可想而知。

寬恕別人就是善待自己,你希望別人善待自己,就要善待別人,要將心比心,多給人一些關懷、尊重和理解,人總是喜歡和寬容厚道的人交朋友的,正所謂「寬則得眾」。

寬容是一種修養。當然寬恕傷害自己的人不是一件容易做到的事,要把怨氣甚至仇恨從心裡驅趕出去,的確需要極大的勇氣和胸襟。韓國總統金大中正式就職後,公開在總統府招待了曾經迫害過他的四位前任韓國總統。他以具體行動化解了政治仇恨,展現了偉大的恕人之道。在轟動一時的光州大審判中,他曾被政府判處死刑,當時他曾立下遺囑,要求他的家人和友人不要報仇,讓政治迫害就到此為止。他寬廣的心胸、偉大的情操令無數世人尊敬。

一個人的心如同一個容器,當愛越來越多的時候,仇恨

第四章　寬恕與包容，讓人生更加順遂

就會被擠出去。人不需要一味地去消除仇恨，而是要不斷用愛來充滿內心，用關懷來滋潤胸襟，仇恨自然就沒有容身之處。所以，能容人處且容人，原諒那個曾經或者正在傷害你的人，你的世界裡會永遠充滿著陽光和愛。

給予別人餘地，也是在為自己留後路

　　留餘地，就是不把事情做絕，不把事情做到極點，於情不偏激，於理不過頭。這樣，才會使自己得到最完美無損的結果。在平時的工作與生活中，對別人留有餘地，同樣是一種可以幫你成功的美德。

　　古人云：「處事須留餘地，責善切戒盡言。」留餘地，其實包含兩方面的意思，為別人留餘地，無論在什麼情況下，也不要把別人推向絕路，萬不可逼人於死地，迫使對方做出極端的反抗，這樣一來，事情的結果對彼此都沒有好處。另一方面，替自己留餘地，讓自己行不至絕處，言不至於極端，有進有退，以便日後更能機動靈活地處理事務，解決複雜多變的問題。

　　日本松下公司的創始人松下幸之助以其管理方法先進，被商界奉為神明。他就善於對別人留有餘地。後藤清一原是三洋公司的副董事長，慕名而來，投奔到松下的公司，擔任廠長。他本想大有作為，不料由於他的失誤，一場大火將工廠燒成一片廢墟，造成公司巨大的損失。後藤清一十分惶恐，認為這樣一來不僅廠長的職務保不住，還很可能被追究

第四章　寬恕與包容，讓人生更加順遂

刑事責任，這輩子就完了。他知道松下幸之助從不姑息部下的過錯，有時為了一點小事也會發火。但這一次讓後藤清一感到欣慰的是松下連問也不問，只在他的報告後批示了四個字：「好好幹吧！」松下的做法深深地打動了後藤清一的心，由於這次火災發生後沒有受到懲罰，他心懷愧疚，對松下更加忠心效命，並以加倍的工作來回報松下。

松下幸之助對下屬留有了餘地，也為自己公司留下了更快發展的餘地。人都有求生存求發展的本能，如果有百條生存之路可行，在競爭中使他斷去99條，留一點餘地給他，他也不會跟你拚命。倘若連他最後一條路也斷了，那麼，他一定會揭竿而起，拚命反抗。想一想，世界之大，何必逼人無奈，激人至此呢？為別人留餘地，本質上也是為自己留餘地。斷盡別人的路徑，自己的路徑亦危；敲碎別人的飯碗，自己的飯碗也脆。

清朝紅頂官商胡雪巖就是一個很好的例子：他寬容有度的胸襟，為他在商場中奠定了深厚的基礎。

有一段時間，胡雪巖與龐二合夥做絲業收購，兩人齊心協力，壓制洋人，抬高中國絲價，為了這件事，胡雪巖費了大量心血，做得實在不容易。誰知到了後來臨近交貨時還是出了一個亂子，那就是朱福年暗中搞鬼。

身為龐二的副手，朱福年野心勃勃，想藉龐二的實力，在上海絲場上做江浙絲幫的首腦人物，因而對胡雪巖表面上

給予別人餘地，也是在為自己留後路

「看東家的面子」不能不敷衍，暗地裡處心積慮，並想打倒胡雪巖。但是，他不敢明目張膽地跟胡雪巖唱反調，一切都在暗中操作。所幸，另一個員工尤五最先發現問題，派人告訴管事古應春，古應春又來告訴當時身在蘇州的胡雪巖，聽古應春細說原委，胡雪巖漸漸有了辦法，要制服朱福年。

他們可以將龐二請出來，幾個人合夥演一齣戲，慢慢揭穿他的把戲，朱福年就沒得混了。做得狠一點的話，讓他在整個上海都找不到飯碗。

但是，在對待吃裡爬外的朱福年時，胡雪巖還是牢牢記住「饒人一條路，傷人一堵牆」的道理，因此，胡雪巖在這件事的處理上是極為漂亮的。

朱福年做事不守本分，不僅在胡雪巖與龐二聯手銷洋莊的事情上作梗，還拿了東家的銀子「做小貨」，他的東家龐二自然不能容忍。依龐二的想法，他是想要徹底查清朱福年的問題，狠狠整治他一下，然後讓他滾蛋。但胡雪巖覺得不妥。胡雪巖說：「一發現這個人不對頭，就徹底清查之後請他走人，這是普通人的做法。最後是不下手則已，一下手就叫他心服口服。諸葛亮『火燒藤甲兵』不足為奇，要燒得他服帖，死心蹋地替你出力，才算本事。」

胡雪巖的做法是：先透過關係，摸清了朱福年自開戶頭，將絲行的資金劃撥「做小貨」的底細，然後再到絲行看帳，在帳目上點出朱福年的漏洞。然而他也只是點到為止，不點破朱福年「做小貨」的真相，也不再深究，讓朱福年感到自己似乎已經被抓到了「把柄」，但又莫明實情。同時，他還給

第四章 寬恕與包容，讓人生更加順遂

出時間，讓朱福年檢點帳目，彌補過失，等於有意放他一條生路。最後，則明確告訴朱福年，只要盡力，他仍然會得到重用。

這一下，朱福年心驚不已，自己的毛病自己知道，卻不明白胡雪巖何以瞭如指掌，莫非他在恆記中埋伏了眼線？照此看來，此人莫測高深，真是步步小心才是，他的疑懼流露在臉上，胡雪巖就索性開誠布公地說出了一席話，這段話很有技巧：「福年兄，你我相交的日子還淺，恐怕你還不知道我的為人，我的宗旨一向是有飯大家吃，不但吃得飽，還要吃得好。所以，我絕不肯輕易敲碎人家的飯碗，不過做生意跟打仗一樣，總要齊心協力，人人肯拚命，才會成功，過去的都不用說了，以後看你自己，你只要肯盡心盡力，不管心血花在明處還是暗處，我說句自負的話，我一定看得到，也一定不會抹殺你功勞，在你們二少爺面前幫你說話。或者，你若看得起我，將來願意跟我一起打天下，只要你們二少爺肯放你，我歡迎之至。」

這番話，聽得朱福年激動不已：「胡先生，你說到這樣的金玉良言，我朱某人再不肯盡心盡力，就不是人了。」他對胡雪巖是畢恭畢敬，顯然是對胡雪巖徹底服帖了。要知此人平日裡總是自視清高，加之東家龐二「強硬」，所以平日裡總在有意無意間流露「架子大」的味道。此刻一反常態，才是真正內心的表現。

饒人一條路，傷人一堵牆。多個朋友多條路，多個冤家多堵牆。以信為本，得饒人處且饒人。胡雪巖的寬容大量收

給予別人餘地，也是在為自己留後路

服了朱福年，也靠信義結交了龐二，成為互相依託的股東，這為胡雪巖以後闖入上海絲業又創造了一個良好的契機。所以說，要想成就一番大事業沒有寬容大度的胸懷是不可能的。

不為別人留餘地，就等於伸手打別人耳光的同時，也在打自己的耳光。人生就是這樣，不讓別人為難，不讓自己為難，讓別人活得輕鬆，讓自己活得自在，這就是留餘地的妙處。對別人留有餘地，他一定會感激你、協助你，這也就等於給了自己一次成功的機會。

所以，應該要培養自己的這種美德，切忌如下「四絕」：權力不可使絕，金錢不可用絕，言語不可說絕，事情不可做絕。放別人一條生路，讓他有個臺階下，為他留點面子和立足之地，這不太容易做到，但如果能做到，對自己則好處多多。首先，得理不饒人，讓對方走投無路，有可能激起對方「求生」的意志，而既然是「求生」就有可能是不擇手段，這就好比老鼠關在房間內，不讓其逃出，老鼠為了求全，將咬壞你家中的器物。放牠一條生路，牠「逃命」要緊，便不會對你造成傷害。其次，人海茫茫，但卻常「後會有期」，你今天得理不饒人，焉知他日不二人狹路相逢？若屆時他勢旺你勢弱，你就有可能吃虧。我們為自己的利益錙銖必較、分秒必爭，這是無可厚非的。但有時候後退一步，給別人一個機會，對自己未嘗不是一件好事。留三分餘地給別人，就是留三分餘地給自己。

第四章　寬恕與包容，讓人生更加順遂

《宋稗類鈔》中載有這樣一件事：宋朝有個名叫蘇掖的常州人，官至州縣監察官。他家中十分有錢，但卻非常吝嗇，常常在置辦田產或房產時，不肯付足對方應得的錢。有時候，為了少付一分錢，他會與人爭得面紅耳赤。他還最喜歡趁別人困窘危急之時，壓低對方急於出售的房產、地產及其他物品的價格，從中牟取暴利。

有一次，他準備買下一戶破產人家的大宅院。他竭力壓低房價，為此與對方爭執不休。他兒子在旁邊實在看不下去了，忍不住發話道：「父親，您還是多給人家一點錢吧！說不定將來哪一天，我們兒孫輩會出於無奈而賣掉這座大宅院，希望那時也有人給個好價錢。」

蘇掖聽兒子這麼一說，又吃驚，又羞愧，從此開始有所醒悟了。

在社會上競爭，並不是每次都要把競爭對手置於死地，共同競爭、在競爭中共同發展才是競爭的根本目的。進入社會並非只有無情的打殺和殘酷的競爭，即使在 21 世紀經濟高度發達的今天，人類文明所推崇的基本道德依然受到廣泛的讚譽。何況世界之大，任何人都不可能獨霸天下。

退一步海闊天空，
謙遜才能成就未來

適當低一下頭也是一種寶貴的智慧，可以使自己得到更好的生存機會，低頭之後才能出頭！有能讓你低頭的人，有讓你低頭的事，這就是你的幸運，你的福氣。

面對矛盾，一般最簡單的做法就是強爭，但可能對方比你還強，你用強人亦用強，結果就不那麼妙了。實際上，在聰明人看來，低頭不單是緩和矛盾，也能化解矛盾，而爭只有在極端的情況下才能解決矛盾，反而在多數情況下只會激化矛盾。在很多事情上，頭低一些，退讓一步，不但自己過得去，別人也過得去了，產生矛盾的基礎不復存在，矛盾自然就化解了。彼此能夠相安，離禍端就遠了。

明朝年間，在江蘇常州有一位姓尤的老翁開了個當鋪，有好多年了，生意一直不錯。某年年關將近，有一天尤翁忽然聽見鋪堂上人聲嘈雜，走出來一看，原來是站櫃臺的夥計和一個鄰居吵了起來。夥計連忙上前對尤翁說：「這人前些時典當了些東西，今天空手來取典當之物，不給就破口大罵，一點道理都不講。」那人見了尤翁，仍然罵個不停，不認情

第四章 寬恕與包容，讓人生更加順遂

面。尤翁卻笑臉相迎，好言好語地對他說：「我曉得你的意思，不過是為了度過年關。街坊鄰居，區區小事，還用得著爭吵嗎？」於是叫夥計找出他典當的東西，共有四五件。尤翁指著棉襖說：「這是過冬不可少的衣服。」又指著長袍說：「這件給你拜年用。其他東西現在不急用，不如暫放這裡，棉襖、長袍先拿回去穿吧！」

那人拿了兩件衣服，一聲不響地走了。當天夜裡，他竟突然死在另一人家裡。為此，死者的親屬和那人打了一年多官司，害得別人花了不少冤枉錢。原來這個鄰人欠了人家很多債，無法償還，走投無路，事先已經服毒，知道尤家殷實，想用死來敲詐一筆錢財，結果只得了兩件衣服。他只好到另一家去扯皮，那家人不肯相讓，結果他就死在那裡了。

後來有人問尤翁：「你怎麼能有先見之明，向這種人低頭呢？」尤翁回答說：「凡是蠻橫無理來挑釁的人，他一定是有所恃而來的。如果在小事上爭強鬥勝，那麼災禍就可能接踵而至。」人們聽了這一席話，無不佩服尤翁的聰明。

事實上，「爭」與「讓」並非總是不相容，反倒經常互補。在生意場上也好，在外交場合也好，在個人之間、集團之間，也不是一個勁「爭」到底，忍讓、妥協、犧牲有時也很必要。

身為一個人，適當低一下頭也是一種寶貴的智慧，可以使自己得到更好的生存機會。隱忍退讓仍然能夠提供成功有效的經營策略。

退一步海闊天空，謙遜才能成就未來

有些人看上去平平凡凡，甚至還給人窩囊不中用的感覺。然而這樣的人並不可小看，機會常常與他握手。因為，越是這樣的人，越是在胸中隱藏著高遠的志向抱負，而他這種表面「無能」，正是他心高氣不傲、富有忍耐力和成大事講策略的表現。這種人往往能高能低、能上能下，具有一般人所沒有的遠見卓識和深厚城府。

劉備一生有「三低」最著名，它們奠定了他王業的基礎。一低是桃園結義。與他在桃園結拜的人，一個是酒販屠戶，名叫張飛；另一個是在逃的殺人犯，正在被通緝，流竄江湖，名叫關羽。而他，劉備，皇親國戚，後被皇上認為皇叔，肯與他們結為異姓兄弟，他這一結拜，兩條浩瀚的大河向他奔湧而來，一條是五虎上將張翼德，另一條是儒將武聖關雲長。劉備的事業，從這兩條河開始匯成汪洋。

二低是三顧茅廬。為一個未出茅廬的後生小子，前後三次登門求見。不說身分名位，只論年齡，劉備差不多可以稱得上長輩，這長輩喝了兩碗晚輩精心調製的「閉門羹」，毫無怨言，一點都不覺得丟了臉面，連關羽和張飛都在咬牙切齒。這又一低，使得一條更寬闊的河流匯入他寬闊的胸懷，一張宏偉的建國藍圖，一個千古名相。

三低是禮遇張松。益州別駕張松，本來是想賣主求榮，把西川獻給曹操，曹操自從破了馬超之後，志得意滿，傲人慢士，數日不見張松，見面就要問罪。後又向他耀武揚威，引起對方譏笑，又差點將其處死。劉備派趙雲、關雲長迎候

第四章　寬恕與包容，讓人生更加順遂

於境外，自己親迎於境內，宴飲三日，淚別長亭，甚至要為他牽馬相送。張松深受感動，終於把本打算送給曹操的西川的地圖獻給了劉備。再這一低，西川百姓匯入了他的帝國。

最能看出劉備與曹操差別的，要算他倆對待張松的不同態度了：一高一低，一慢一敬，一狂一恭。結果，高慢狂者失去了統一中國的最後良機，低敬恭者得到了天府之國的川內平原。

在這個故事中，劉備胸懷大志，卻平易近人禮賢下士，慢慢成就了自己的基業。與之相反，曹操心高氣傲，目中無人，白白丟掉了富饒的天府之國，並且還因此耽誤了統一中國的大計。單從這一點上看，劉備是真英雄，雖然他沒有所謂的氣勢架子；而曹操則一副狂徒之態，傲氣沖天，耀武揚威。他因此吃了大虧，其實一點都不冤。

所以說，從某個角度來看，有能讓你低頭的人，有讓你低頭的事，這就是你的幸運，你的福氣。

人都有出頭的欲望，但出頭不能強出。「煩惱皆因出頭」，這句話可以說是生存處世的經驗之談。適當的時候要「低頭」。低頭並不是什麼見不得人的事情，畢竟一時低頭，可以得到暫時的喘息機會，可以換來危機的化解，可以使原本不可能做到的事情變得可能；一時的低頭，有助於達成實現生存和更高遠的目標，從而最終達到出頭的目的。

當你在人生的叢林中碰到對你不利的環境時，千萬別逞血氣之勇，也千萬別認為「可殺不可辱」。寧可低頭，吃點眼前虧。只有這樣繼續聚集實力，才能和他人保持一種和諧共處的關係，也才能透過冷靜的觀察，掌握大環境的趨勢和脈動，等到各方面條件皆已成熟時，你自然就能脫穎而出了！

第四章　寬恕與包容，讓人生更加順遂

原諒他人，才能真正釋放自己

　　心靈有它自己的地盤，在那裡可以把地獄變成天堂，也可以把天堂變成地獄。選擇了原諒，就是選擇了心靈的天堂；選擇了怨恨，就會將自己的心推入萬劫不復的深淵中。

　　也許你曾經遭受了來自別人對你的惡意誹謗或者是致命的傷害，這些在你的心底一直沒有平復，你可能至今還在怨恨對方，無法原諒。其實，怨恨是一種被動和侵襲性的東西，它像一個不斷長大的腫瘤，使我們失去歡笑，損害我們的健康。怨恨，更多地危害了怨恨者自己，而不是被仇恨的人。

　　第二次世界大戰期間，一支部隊在森林中與敵軍相遇，激戰後有兩名戰士與部隊失去了聯繫。這兩名戰士來自同一個小鎮，兩人在森林中艱難跋涉，他們互相鼓勵、互相安慰。10多天過去了，仍未與部隊聯繫上。有一天，他們打死了一隻鹿，依靠鹿肉又艱難地度過了幾天。也許是戰爭使動物四散奔逃或被殺光，這以後他們再也沒看到過任何動物。他們僅剩下的一點鹿肉，背在年輕戰士的身上。這一天，他們在森林中又一次與敵人相遇，經過再一次激戰，他們巧妙地避開了敵人。就在自以為已經安全時，只聽一聲槍響，走

在前面的年輕戰士中了一槍——幸虧傷在肩膀上！後面的士兵惶恐地跑了過來，他害怕得語無倫次，抱著同袍的身體淚流不止，並趕快把自己的襯衣撕下包紮同袍的傷口。

晚上，未受傷的士兵一直唸叨著母親的名字，兩眼直勾勾的。他們都以為自己熬不過這一關了。儘管飢餓難忍，可他們誰也沒動身邊的鹿肉。天知道他們是怎麼度過那一夜的。第二天，部隊救出了他們。

事隔30年，那位受傷的戰士安德森說：「我知道是誰開那一槍，他就是我的同袍。當時在他抱住我時，我碰到他發熱的槍管。我怎麼也不明白，他為什麼對我開槍？但當晚我就寬恕了他。我知道他想獨吞我身上的鹿肉，我也知道他想為了他的母親而活下來。此後30年，我假裝根本不知道此事，也從不提及。戰爭太殘酷了，他母親還是沒有等到他回來。我和他一起去老人家墳上獻花，那一天他跪下來請求我原諒他，我沒讓他說下去。我們又做了幾十年的朋友，我寬恕了他。」

經心理學專家研究證實，心存怨恨非常有礙健康，高血壓、心臟病、胃潰瘍等疾病就是長期積怨和過度緊張造成的。有一位好萊塢的女演員失戀後，怨恨和報復心使她的面孔變得僵硬而多皺，她去找一位最有名的化妝師為她上妝。這位化妝師深知她的心理狀態，中肯地告訴她：「妳如果不消除心中的怨和恨，我敢說全世界任何化妝師都無法美化妳的容貌。」

第四章　寬恕與包容，讓人生更加順遂

　　只有寬容和忍讓，忘記怨恨，才能換來愉快的結果。當你被痛苦折磨得筋疲力盡時，不妨學著寬恕，忘記怨恨，沉浸在痛苦的回憶中是徒勞的。與其咒罵黑暗，不如在黑暗中燃起一支明燭。忘記怨恨能讓你告別過去的灰暗情緒，重新找到積極樂觀的心情。

記住他人的優點，忘卻他人的缺點

對待別人要寬容大度，要記住別人的優點和長處，忘掉別人的缺點和短處。特別是對那些直接損害過你的利益的人，更要記人之善，忘人之過，不能採取敵對的態度。

人非聖賢，孰能無過？世界上不存在沒有任何缺點和毛病的人。求全責備，朋友難尋，知音難覓，在吹毛求疵中，生命也悄然逝去。

不將別人一棍子打死，多看看別人的長處，你會覺得世界是那麼美好。少點牢騷，就會多點快樂。見賢思齊而不是雞蛋裡挑骨頭，見到不如我們的，不要全盤否定，看別人有無自己能學習的地方，他身上的不足自己有沒有，別人喜歡說長道短，自己有沒有西家長東家短的毛病，別人不上進自己是否勤奮好學。將別人當作一面鏡子吧！

因此，我們在人際交往中要取人之長，補己之短，與在學習上刻苦奮進的人結成學友，與在工作上一絲不苟的人結為朋友，與擅長棋藝的人結成棋友，與在書畫上有造詣的人結為書友……友誼就在這求同存異中發展、深化和長存。

第四章　寬恕與包容，讓人生更加順遂

我們不應把目光只放在陰暗的一面，只看到事物的弊端，那樣我們將越來越狹隘，永遠生活在痛苦的深淵裡。換個角度看事物，發現並欣賞事物的光明面，看到它有利的地方，那麼生活就會向我們展示美好的一面，我們就會生活得愉快開心。如果我們為了追求事物的完美，而不能包容一些不可去除的瑕疵，那麼我們將很難成功。

我們都希望自己的每一天都開心、順利，可是生活總會有那麼一些小波瀾、小浪花。斤斤計較會讓自己的日子陰暗乏味，豁達胸襟卻能讓每天的生活充滿陽光。

一位住在山中茅屋修行的禪師，有一天趁夜色到林中散步，在皎潔的月光下，他突然開悟了自性的般若（「般若」讀作ㄅㄛ　ㄖㄜˇ，智慧）。他喜悅地走回住處，眼見自己的茅屋遭小偷光顧，找不到任何財物的小偷要離開的時候在門口遇見了禪師。原來，禪師怕驚動小偷，一直站在門口等待，他知道小偷一定找不到任何值錢的東西，早就把自己的外衣脫掉拿在手上。

小偷遇見禪師，正感到驚愕的時候，禪師說：「你走老遠的山路來探望我，總不能讓你空手而回呀！夜涼了，你帶著這件衣服走吧！」說著，就把衣服披在小偷身上，小偷不知所措，低著頭溜走了。

禪師看著小偷的背影穿過明亮的月光，消失在山林之中，不禁感慨地說：「可憐的人呀！但願我能送一輪明月給

他。」禪師目送小偷走了以後,回到茅屋赤身打坐,他看著窗外的明月,進入空境。

第二天,他在陽光溫暖的撫觸下,從極深的禪定裡睜開眼睛,看到他披在小偷身上的外衣被整齊地疊好,放在門口。禪師非常高興,喃喃地說:「我終於送了他一輪明月!」

《聖經》說:「充滿愛意的粗茶淡飯勝過仇恨的山珍海味。」禪師一個善意的寬容改變了小偷,這要比打罵詛咒更有效果。

一個真正懂得為人處世之道的有修養的人,也就是懂得如何與自己性情相投的人多來往,和自己談不來的人保持一種和平淡遠的距離。不因別人對自己友好而沾沾自喜,也不因別人對自己有意見而耿耿於懷,更不勉強自己曲意迎合別人甚至眾人。

記恨容易記愛難,我們應該試著多幫助別人多讚美別人,若經常憎恨別人,痛苦的是自己。犯錯對任何人而言,都不是一件愉快的事,我們唯一能做的只是正視這種錯誤的存在,由錯誤中學習,以確保未來不會發生同樣的憾事,接下來就應該獲得絕對的寬恕,再下來就把它忘記,繼續前進。

唯有寬容待己,才能寬容地對待他人,才會愛他人,也才能被人所愛。

第四章　寬恕與包容，讓人生更加順遂

　　為自己找藉口的人永遠不會進步。看別人不順眼，是自己修養不夠。只要你善於留心，很快會發現別人的優點，只要你願意認真地找。當然，我相信，你如果認真地耐心地找，也會發現自己身上的很多優點。不要過多地責怪自己，更不要妄自菲薄，要善於發現自己身上的優點並愛自身的優點，從而使這些優點發揚光大，使其更加鮮明，時間一久，你就會產生新的自信，就不會覺得自卑。懷著一顆感恩的心，忘記別人的缺點吧！

寬容能帶來和諧，退讓能換來順遂

君子和而不同。如果一個人挑剔、刻薄、不願與別人合作，心懷乖戾之情，那他的生活和工作一定不會是和和順順、美美滿滿的。

人生在世都有被冷言所謗、被暗箭所傷的時候，遇到令人厭煩的人和事要學會克制自己。學會了寬容，那就會種瓜得瓜，種豆得豆。生活告訴我們，無論是使用暴力，還是製造陰謀，報復的結果多是兩敗俱傷。

人和人之間的交往最重要的是真誠，然而，當你的利益受到了別人的侵害，當你不願公開的「祕密」無意間被人發現了，你會怎麼辦呢？我們可不可以學學怎樣寬容他人？

寬容，可使你表現出良好的素養，生活中肚量最為重要，寬容乃是人類性格中最珍貴的組成部分。懂得寬容別人，自己的性格就有了迴旋的餘地，不容易發脾氣、鬧情緒，當面跟別人起衝突。

韓琦是北宋三朝宰相，他性情深厚純樸，心胸寬廣，待人寬宏大量，人們尊稱他為「韓公」。

第四章 寬恕與包容，讓人生更加順遂

韓琦任元帥時，有大量的事情需要處理，經常要秉燭工作。一天夜裡，韓琦在寫信，讓一士兵在一旁端蠟燭，士兵因為打盹，不小心讓蠟燭燒到韓琦的鬍子。韓琦隨手用袖子將火撲滅，繼續寫信。

不一會兒，韓琦抬頭看那士兵，發現已經換人了。韓琦擔心士兵的長官責罵那名士兵，就急忙叫道：「不要換掉他，他現在已經懂得怎麼拿蠟燭了。」這件事成為軍營中的佳話。

韓琦家裡收藏有兩只玉杯，做工非常精巧，堪稱「稀世之寶」，韓琦十分喜歡這兩只玉杯，茶餘飯後，常常拿出來細細賞玩。

一天，一位朋友到韓琦家來玩，說想觀賞觀賞玉杯，韓琦忙叫一個僕人把玉杯取來放在桌子上，朋友看著玉杯讚賞不已。

就在這時，僕人不小心碰了一下桌子，兩隻玉杯一下子掉在地上，摔得粉碎，在場的所有人都驚呆了。

僕人嚇得跪倒在地上，捧著玉杯的碎片，淚如雨下。可是，韓琦並沒有責備僕人，而只是笑著對朋友說：「凡是物品都有毀壞的時候，只可惜玉杯壞了大家再也不能賞玩了。」

說罷，他轉身扶起僕人，說：「你只是偶然失手，並不是故意為之，我不會責怪你的。」

看到這一幕，所有的人都不由對韓琦寬大的胸懷肅然起敬，朋友也激動地站起身，對韓琦抱拳說：「韓公真是一個心胸寬廣的人啊！」

寬容能帶來和諧，退讓能換來順遂

不寬容別人會使我們吃很多苦頭。許多人由於不能寬容別人，有時還為一點小事，甚至一句閒話，坐臥不寧、茶飯不思、情緒紊亂，甚至為一點點小事、一句閒話自殺的人也大有人在。但是，一旦寬容別人之後，我們往往便會經歷一次巨大的改變。

寬容最重要的因素便是愛心，如此才能寬容那些曾經傷害過我們的人。這不是一件容易的事，但是如果我們這樣做了，我們會從中體驗到富有和強大。而當一個人能夠寬容別人時，也必定能夠寬容自己。因為當人對自己充滿自信之後，他無須去防禦別人，並能勇於正視自己的缺點。對一生中所遭受的不可避免的衝突和挫折具有必要的忍耐力，人們就能夠積極地參加豐富多彩的活動，在活動中克服自己的弱點，使自己不斷趨於完善，也不害怕犯錯，因為他了解錯誤的潛在價值。每當出現錯誤時，便不會出現一般人的感嘆：真是的，又錯了。而是會說：看這個，它能使我想做什麼？然後他會利用這錯誤當作墊腳石，來尋找解決問題的新途徑。

一顆不能承受傷害的心靈是脆弱而難以生存的，一顆不能諒解傷害並寬容異己的心靈是狂暴而可怕的。因為仇恨不僅傷害別人，也折磨自己。寬容不僅是一個人、一個社會必要的德性，也是一種非有不可的生存智慧。只有學會寬容，才有足夠的心力承擔生活的重負。

但寬容並不是毫無原則的退讓，對人性的堅守以及對尊嚴的捍衛都要求我們能硬起心腸來，如此寬容才是有硬度或者說稜角分明的。

朋友，去面對過去和現在，在懺悔的同時，也應努力寬容別人的過去和現在所犯的錯，無論是無心還是有意的。胸懷要像海洋般博大，那樣才會有寬廣的心理空間任由自己優遊，到哪裡都可以契機應緣，都可以和諧圓滿。

寬恕別人，也要學會寬恕自己

犯錯只能說明我們是凡人，不表示就應該承受無盡的、嚴厲的懲罰。既然我們可以寬容他人，為什麼不能讓自己也得到這種仁慈的對待呢？人的一生中犯的錯誤可多了，要是對每一件事都深深地自責，一輩子都背著一大堆罪惡感過活，你還能奢望自己走多遠？

嚴以律己，寬以待人，這是我們恪守的準則。因此有的人認為對別人寬容就行了，對自己卻要苛刻，要時時告誡自己，一定要努力努力再努力，絕對不允許自己出一丁點差錯。如果出了一丁點差錯，就不能原諒自己，整日活在自責與愧疚之中，走不出自己為自己設定的陰影，不敢再有新的嘗試，這樣人的一輩子也就完了。

其實我們完全沒有必要這樣，因為我們畢竟不是聖人，也不是神仙，沒有必要把自己想得那麼重要。有些事情過去了就讓它過去吧，無謂的耿耿於懷也無濟於事。我們的一生都是在錯誤當中摸索過來的，錯誤也不是完全沒有一點意義，至少它可以讓我們吸取教訓，免得第二次再犯同樣的錯

第四章　寬恕與包容，讓人生更加順遂

誤。既然這樣，我們就不應該停留在錯誤的本身，而毀了自己的未來。

人有失手，馬有失蹄，一旦錯了，難道真的要為自己的心靈加上一把無形的枷鎖不成？為了繼續完成自己的價值，我們必須理智點，果斷地撕去那張舊日曆，再去尋求新的自我，新的快樂。要明白一個人首先要懂得善待自己，才能更好地善待別人。如果連自己都不愛惜、不尊重，要善待別人就成了泡沫，成了空話。

別太苛刻自己，不僅表現在正視和寬容自己的過失上，還應該表現在我們應該適當的讓自己放假，凡事不要把自己逼得太緊，該放鬆的時候放鬆，何苦自己為難自己呢？

辛茹是個好強的女孩子。她要求自己別人能做到的自己一定也要做到，別人不能做到的自己也要做到。

公司裡的其他女孩子，個個活蹦亂跳的，工作起來也是有說有笑。辛茹卻不是，她不苟言笑，總是一個人默默地工作。辛茹很努力，工作上從來沒有失誤過，每次分派下來的任務她總是第一個完成，而且每次都會檢查好幾遍，生怕出錯。為此，辛茹經常得到老闆的誇獎。如果換作其他的女孩子，一定會歡天喜地地慶祝一番了，而辛茹總是皺著眉，沒有一點高興的模樣。因為她擔心，下次能不能提前完成任務，會不會比這次更加出色，於是帶著這樣的憂慮又匆忙工作去了。

對於辛茹來說，她每天的心情只有憂慮，對工作是否能順利完成的憂慮；失望，對無法辦到的事情的失望；生氣，對自己的失誤生氣；鬱悶，對生活的無奈鬱悶。辛茹從來沒有感到過快樂和滿足。

有一次，公司集體休假，她卻選擇加班。為了把一個設計做好，她加班到晚上九點，午餐也沒有吃。好不容易完成了任務，電腦突然當機了。而辛茹的設計圖沒有來得及存檔，一天的心血就這樣付諸東流。辛茹又氣又惱，恨不能把電腦砸了。辛茹發了一個小時的呆，最後決定重來。就這樣，辛茹一宿未睡，就在最後一筆完成的時候，該死的電腦又當機了。而辛茹沒有吸取教訓，又忘記了存檔。辛茹快瘋了，一氣之下，把電腦鍵盤砸了。恰巧這一幕被剛到公司的老闆看見了，結果不用想也知道，辛茹被解僱了。

像辛茹這樣對自己如此苛刻的女孩世間罕有，但對自己苛刻的人卻大有人在。他們總覺得自己做得不夠好，覺得自己應該更加努力。辛茹的心裡積聚了太多的怨氣。如果辛茹在電腦第一次當機之後，給自己一點時間休息一下，即使下次再出現同樣的情況，也不至於摔鍵盤了。

有人懂得寬容自己，因此他們過得很快樂；也有人為了一個小小的過失就憂心忡忡、患得患失，這樣的人生未免有點低落，有點遺憾。如果說人生是一幅讓你著色的畫，你能忍心讓它滿是灰色？懂得著色的人，一定是懂得生活的人，也一定是快樂的人。善待自己，寬容自己，才能讓自己快

樂,才算「活過」,要知道活著與活過永遠也不可能等同,而快樂地活著才是真正的活過。

忙碌的人,請放慢你的腳步,欣賞一下周圍美麗的風景;緊張的人,請聽一下音樂,舒緩一下你緊繃的神經。不要總是為了爭第一而埋頭苦讀,不要總是為了升遷而拚命工作。如果你有什麼願望,就盡量去實現,不要苦了自己。努力工作、讀書本來就是為了過得更好一些,為什麼還要在追尋夢想的道路上活得那麼累呢?

別太苛刻自己,你會發現生活是多麼的美好。

寬恕他人就是寬恕自己

寬恕不受約束，它像天上的細雨，滋潤大地，帶來雙重祝福，祝福施予者，也祝福被施予者。寬恕別人，其實就是寬恕我們自己。多一點對別人的寬恕，我們的生命中就多了一點空間。

詩人白朗寧（Robert Browning）說：「寬恕為美，淡忘尤佳。」這句富有哲理的話可以說是擺脫人生煩惱的金玉良言。

即使被腳踩扁了，玫瑰花仍會把香味留在鞋上，這就是寬恕。由寬大為懷到盡釋前嫌，你已擁有博大的胸襟，並開始逐步地、有意識地釋放自己的憤怒與不平。如果你對過去的行為過分自責，勢必會讓自己感到內疚，而當你忙著自責時，你根本無暇顧及從中吸取經驗。我們覺得難以寬恕，只因為責備時有快感。我們譴責別人，並不能使自己高人一等。因為，我們沒有權利去責備或仇恨任何人。最行之有效的寬恕是主動的寬恕，它能把你的善意轉變成有創造力的善行。

假使你做了違背自己的價值觀和道德觀的事，你的行為

第四章　寬恕與包容，讓人生更加順遂

和你的原則之間就會出現一道裂縫，此時你應重新找回真正的自我，當然，這並不意味著你可以一錯再錯。但是，過度的自責、悔恨也是愚蠢的、於事無補的，而且過分地自我懲罰只會使你越發偏離自己的道德標準。

心胸豁達，寬恕容人，對於改善人際關係和身心健康都是大有裨益的。事實證明，不能寬恕待人，也必然會傷及自身。對自己或別人過分地苛求，必定處於情緒緊張、心理不平衡的精神狀態之中，內心的矛盾衝突或危機情緒難以消除，直接影響身心健康。可以說，寬容也是一種良好的心理特質。一個人能顧全大局，或暫時拋棄個人的利益，這恰恰是思想境界較高的表現，是人際交往中的潤滑劑。「人非聖賢，孰能無過」，任何人都有缺點，所以千萬不要過分苛刻的要求別人。

在中國清代中期，流傳著一個「六尺巷」的故事。當朝宰相張英與一位姓葉的侍郎都是安徽桐城人，兩家毗鄰而居，都要起房造屋，為爭地皮，發生了爭執。張老夫人便修書北京，要張英出面干涉。這位宰相到底見識不凡，看罷來信，立即做詩勸導老夫人：「千里家書只為牆，再讓三尺又何妨？萬里長城今猶在，不見當年秦始皇。」張家見詩明理，立即把院牆主動退後三尺；葉家見此情景，深感慚愧，也馬上把院牆讓後三尺。這樣，張、葉兩家的院牆之間，就形成了六尺寬的巷道，成了有名的「六尺巷」。

寬恕他人就是寬恕自己

事情就是這樣：爭一爭，行不通；讓一讓，六尺巷。為人處世，遇事要有退讓的態度才算高明，有時，讓一步就等於為日後進一步做準備。

最難的一種寬恕，就是對自己的寬恕。現實生活中，你可能受到過極大的委屈，極深的傷害，而且這一切似乎是不可原諒的。但是，如果你的心中因此而充滿仇恨以及復仇的想法，那你只會陷入自我折磨的情緒之中，永遠無法自拔。此時，你必須強迫自己把眼光放長遠一些，只有這樣，才能轉移你受傷害的情緒，不至於沉溺在怒火和仇恨之中。透過寬恕，你能忘卻那些痛苦的回憶，重新獲得心靈的自由。當你最終能夠從中解脫時，你也許會發現這是生命成長過程中必修的一課。

寬恕猜忌、仇恨、虛偽和罪惡，接受別人的渺小和缺憾是生命成長的必經之路。寬恕別人的同時，我們的生命也得到了解脫；容納別人的同時，我們自己也在強大。真與假、善與惡、美與醜，往往盤根錯節地交織在一起。生命或許矛盾重重，而真正的智者會在包容中永生。

寬恕他人，我們才得以解脫。經常讓憎恨在心中駐留，受害的只能是自己。從現在開始，我們好好反省一下，化解心中的怨恨，寬恕他人的過失，讓心中一切的不快通通消失。一個心胸博大，不拘小節的人，所有人都會喜歡他，同

第四章　寬恕與包容，讓人生更加順遂

時他的身體也一定會很健康。如果你能經常製造出快樂的情緒，久而久之，你就會發現，自己做事變得很得心應手。來自各方面的支持力量，會使你轉敗為勝，步入成功的殿堂。那麼，如何寬恕他人並善待自己呢？道理很簡單，你在寬恕他人的同時，也是在寬恕自己；你在善待他人的同時，也是在善待自己。你想別人如何待你，你首先就要如何對待別人，這是大自然的奧祕，任何事物的發生與發展都是相互的，你在給別人機會的同時，也是在給自己機會。

身體和內心的病痛很多都來自我們不能夠善待與寬恕他人，如果在你內心深處有一個讓你久久不能忘懷的人，又確實很難寬恕他的過失，那就證明，這個人正是你最應該寬恕的人。只要你下定決心，對他說：「我準備寬恕你以往的過失和帶給我的痛苦，讓你自由，也讓我自由。」這樣，你不僅釋放了他人，也釋放了自己。從今往後，你會一身輕鬆，因為多年的怨恨在自己寬恕他人時得到釋放，自身也得到了解脫。

天的博大在於它能包容萬物，萬物盡在它的胸懷之中。人的力量也是在於其博大的胸懷，因其博大而掌控萬物。

包容世界，世界也將包容你

唯寬可以容人，唯厚可以載物。你若想容下世界，就必須做到心胸寬廣。

雨果曾說過，世界上最寬闊的東西是海洋，比海洋更寬的是天空，比天空更寬闊的是人的胸懷。

民族英雄林則徐題於書室的一副自勉聯：「海納百川，有容乃大；壁立千仞，無欲則剛。」寓意為要像大海能容納無數江河水一樣的胸襟寬廣，就是說要豁達大度、胸懷寬闊，這也是一個人有修養的表現。人們都把那些具有像大海一樣廣泛胸懷的人看作是可敬的人。

豁達大度、胸懷寬闊是一種修養，也是人類美德的重要展現。

「心」是世界上最難揣測之物：世界上最小的是「心」，因為它有時比針眼還要小，世界上最大的也是「心」，因為它又可以容下萬事萬物。心胸寬廣與否全靠自我修養與自我超越。豁達大度、胸懷寬闊既是一種境界，是一種氣度，也是通往成功的階梯。縱觀歷史上曾經叱吒風雲的大人物，無一

第四章 寬恕與包容，讓人生更加順遂

不是有一顆寬廣的胸懷，能容他人所不能容而名揚世界。

反觀歷史上那些善於妒忌之人，遇到一點不滿便記恨在心，怨天尤人，這些人縱然學問再好，也難成大器。一個人最可悲的是無知，最可憐的是淺薄，最可貴的是有一顆包容的心。

從前有一個富翁，他有三個兒子。當他覺得自己將不久於人世的時候，富翁決定把自己的財產全部留給三個兒子中的一個。可是，他的三個兒子都很好，到底要把財產留給哪一個兒子呢？不知該怎麼辦的富翁請來醒世大師幫忙拿個主意。於是，醒世大師想出了一個辦法：他讓富翁的三個兒子都花一年時間去遊歷世界，回來之後看誰做到了最高尚的事情，誰就是財產的繼承者。

一年後，三個兒子陸續回到家中。醒世大師讓他們三個人都講一講自己的經歷。

大兒子得意地說：「我在遊歷世界的時候，遇到了一個陌生人。他十分信任我，把一袋金幣交給我保管。可是那個人卻意外去世了，我就把那袋金幣原封不動地交還給了他的家人。」

二兒子自信地說：「當我旅行到一個貧窮落後的村落時，看到一個可憐的小乞丐不幸掉到湖裡了。我立即跳下馬，從河裡把他救了起來，並留給他一筆錢。」

三兒子猶豫地說：「我，我沒有遇到兩個哥哥碰到的那種事。在我旅行的時候遇到了一個人，他總是想得到我的錢

袋,一路上千方百計地害我,我差點死在他手上。可是有一天我經過懸崖邊,看到那個人正在懸崖邊的一棵樹下睡覺,當時我只要抬一抬腳就可以把他踢到懸崖下,我覺得不能這麼做,正打算走,又擔心他一翻身掉下懸崖,就叫醒了他,然後繼續趕路了。這實在算不了什麼有意義的經歷。」

富翁請醒世大師點評。

醒世大師點了點頭說:「誠實、見義勇為都是一個人應有的品格,稱不上是高尚。有機會報仇卻放棄,反而幫助自己的仇人脫離危險,他的包容之心才是最高尚的。我建議您把全部財產交給老三。」

寬容也好,包容也好,最重要的是要有容人之心。

我們擁有寬容的心,就能解人之難,補人之過,揚人之長,諒人之短;我們為人寬容,就能贏得友誼,獲得更多的朋友。一個人真誠地寬容別人的過失,他的境界就上升了一個層次;一個人學會了寬容,他就掌握了一種自我提升的有效方法。

人與人之間存在各式各樣的差異,需要相互寬容,需要尊重彼此的個性。我們不能因為存在矛盾就拒絕合作、迴避交往。和而不同,求同存異,是我們寬容合作的基礎。

在現實生活中,「宰相肚裡能撐船」,擁有這樣的胸襟的人,得到了世人的尊重和欽佩。擁有寬容的心,能使寬厚仁慈者備受鼓勵,增強信心,擁有前進的動力,還能使我們能

容忍他人的缺點,容得下別人比我們強。當我們做到這一點,就能產生超越別人的信念,是成就大業的利器,是獲得快樂幸福的妙門。

以德報怨，是最高境界的寬容

生活中，我們有時會碰到一些無理取鬧的人。這時，如果與之爭吵，反而會把事情鬧得不可收拾；如果能做到以德報怨的話，就沒有什麼解決不了的事，說不定還會和對方成為朋友。以德報怨，看似自己很委屈，但這樣可以化解很多矛盾，方便自己。

人活一世，免不了有恩怨情仇。人在各種關係交織的社會中求生存、尋幸福，就逐漸有了不少經驗教訓、行為規範。以德報怨，也就是意味著我們給予與自己利益衝突者以某種巨大的利益。所以，在邏輯關係上，以德報怨這個行動的確存在著矛盾。如果和別人有利益衝突，反而用給予別人利益的手段來處理雙方關係，那麼這個矛盾是否是有利於我們自己的呢？

從前有個國王名叫長壽，他有個兒子名叫長生。鄰國有個國王，凶狠殘暴，大家都稱他為惡王。

有一天，惡王帶領軍隊，撲向長壽王的國家。長壽王不想造成人員傷亡，於是帶著太子拋下王位，隱居到深山裡。

第四章　寬恕與包容，讓人生更加順遂

惡王順利地占據了長壽王的國家，他派人到處搜尋長壽王的下落，宣布說：「有誰能捉住長壽王獻來，賞給黃金萬兩。」但一直沒能抓住長壽王。

有一天，長壽王在路旁的一棵大樹下休息，恰好碰到一個從遠方來的婆羅門，也在大樹下休息。兩人閒聊起來，那個婆羅門說自己是很貧窮的修道人，希望能得到長壽王的施捨。長壽王很感動，想起惡王懸賞捉拿他的事，便讓婆羅門拿他的人頭去領賞。一開始婆羅門不肯，但長壽王認為自己能幫助他，讓他不必謙讓。於是兩人一起來到王宮。

長壽王讓衛士把自己捆綁起來，並馬上去稟告惡王。惡王聽說長壽王已找到，喜出望外，取出賞錢賞賜婆羅門。婆羅門便回國了。惡王派人在街頭搭起行刑臺，要在那裡當眾燒死長壽王。長壽王一眼看見兒子擠在人群中，唯恐兒子以後會替自己報仇，便仰天長嘆，說不希望太子為他報仇，否則他死也不安心的。

長生心裡憤憤不平，便偷偷地潛回城裡，裝扮成打零工的，混進惡王手下種菜。長生做得很好，受到大臣的讚賞，被提拔做了廚師。有一天，大臣請惡王到家裡做客。惡王一嘗到如此精美的飯菜，便把長生帶回王宮，讓長生專為自己做飯燒菜。

長生曲意奉承惡王，得到惡王極大的歡心和信任，被提拔做了貼身侍衛。有一天，惡王帶長生一起去打獵，兩人迷路了。長生有幾次想殺了惡王，但想到父親的囑咐，始終下不了手。後來他向惡王坦白自己就是長生，讓惡王殺了自

己,免得自己起了殺心,做了不孝之人。惡王聽了以後,非常感動,也非常後悔。回去之後,惡王宣布把國家交還給長生,兩人結為兄弟,自己帶兵回本國。從此,這兩個國家相互通好,和睦往來;人民也都安居樂業,享受太平。

凡是受到別人不公正對待的人,大概會有兩種回應的辦法。一是「以其人之道,還治其人之身」,也就是以怨報怨。你欺騙我,我也欺騙你,用這種方法來教訓那些做壞事或破壞規則的人,他們吸取了教訓或許會改轅易轍。第二就是「以德報怨」。你對我耍陰謀詭計,我仍舊對你友好。這是基於相信人之初性本善,每個人都有善的基因,只要有足夠的力量去啟動,用善和廣大的胸懷去感動他人,壞人也能變為好人。但是如果純粹的以德報怨,那些壞人可能會得寸進尺,並不把你的德和忍放在心裡,反而以為你好欺負。而且你對好人、壞人都施以同樣的德,這對好人也不公平。因此,以德報怨需要很高的修養和寬廣的胸懷,一般人很難做到,但我們可以努力靠近。

以怨報怨並沒有錯,甚至應該說是一種相當有效的制裁壞人的辦法。法律對壞人的制裁就是順這條思路而來的。但是光靠法律很難把壞人改造成好人。所以在監獄裡還要對犯人有基本的尊重、再教育,甚至愛護他們,這才能使犯人出獄之後幡然悔改,重新做人。

以怨報怨還會產生一個危險的後果。拿計程車司機多收

第四章　寬恕與包容，讓人生更加順遂

錢的例子看，如果我以他犯錯為藉口拒絕付費，他吃了悶虧，沒處告狀，心中會產生不平，而且很可能得出這樣的結論：這個世界就是黑吃黑。他以後找到機會一定會更狠地剝削客人，以補償他這次的損失。如果人與人之間的關係普遍用這種原則處理，人人都要隨時提防別人的暗算，這個世界將變得相當可怕。我們肯定不希望生活在這樣的世界。受到他人無理的謾罵，若能以善待惡、以德報怨，自然能消除是非；若以怨報怨、以惡待惡，將會形成惡的循環！

一個不肯原諒別人的人，就是不給自己留餘地，因為每一個人都有犯錯而需要別人原諒的時候。對於與自己有仇怨的人，我們應該盡量去包容他，以德報怨地對待他。如果幫助一個與自己私人利益嚴重衝突的仇人能使一方人得幸福，就要施以這個恩德。如果寬容一個與我們有歷史仇恨的民族能使一個地區、一個洲，甚至人類群體得大利，我們就要去寬容，我們就要以德報怨！用寬容和善良去觸碰人們心中最柔軟的地方，就算是鐵石心腸的人也會感動。

微風雖輕，卻能平息最洶湧的海浪；水雖柔軟，卻能摧毀最堅固的城堡。以德報怨就似一陣微風，能平息人們心中報復的火焰；就如一絲流水，能摧毀人們心中敵意的城堡。這就是以德報怨，它是一種無堅不摧的力量。

心有多大，人生的舞臺就有多寬廣

世上沒有不生雜草的花園，月亮的臉上也是有雀斑的。擁有一顆寬容之心，人生的舞臺將大放異彩。

有一則公益廣告，廣告的內容大致是這樣的：一個很喜歡跳舞的鄉下女孩，她的最大夢想就是希望有機會在真正的大舞臺上盡情地表演，於是，她便不斷地努力著，就連做夢也夢到自己在跳舞，最終她實現了自己的夢想！而那句經典的廣告詞就是：每個人心中都有一個自己的舞臺！心有多大，舞臺就有多大！

舞臺，就是施展個人魅力和才華的一個空間，而心中的舞臺就是我們人生的舞臺。在人生的大舞臺上，你表演的是否精采取決於自己的「心」。而這裡的心有多大，可以有兩種理解：一種是心中的夢想與志向，一種是心胸的寬廣與氣度。

每個人的心中都有一個夢想，雖然只是一個夢想，但卻是無數成功的開始。擁有一個美麗的夢想，就擁有了一個明確目標，然後能夠正確去面對一切困難，一切挑戰，不斷地嘗試著，不斷地努力著，用行動來堅持，心目中的夢想就不

第四章　寬恕與包容，讓人生更加順遂

會太遙遠！

拿破崙說：「凡是人心所能想像並且相信的，終必能夠實現。」你希望成為什麼樣的人，就能成為什麼樣的人，任何有決心，有準備，志在必得的人，有朝一日必能實現他心中的夢想。

一個建築工地上有三個工人在砌一堵牆。

有人過來問：「你們在做什麼？」

第一個人沒好氣地回答道：「你沒看見嗎？我在砌牆。」

第二個人抬頭笑了笑說：「我們在蓋一棟樓。」

第三個人一邊做事一邊哼著歌曲，他的笑容很燦爛很開心，他說：「我們在建造一個城市。」

十年後，第一個人在第二個人的工地上砌牆；第二個人坐在辦公室裡畫設計圖，他成了工程師；第三個人呢，是前面兩個人的老闆。

格局決定布局，布局決定結局。三個人原本是一樣的境況，對一個問題的三種不同回答，反映出他們的三種不同人生志向。十年後還在砌牆的那位胸無大志，當上工程師的那位理想比較現實，成為老闆的那位志存高遠。

如果我們的格局只是一個杯子的大小，那麼最多就只能裝一個杯子的水。如果我們能把心中的杯子變成一個湖的話，可以裝的水就變多了。如果我們的心中是條河，是一片

海洋……當格局越來越大的時候我們可能裝進去的東西也會越來越多。

觀念決定行動，思路決定出路。心有多大舞臺就有多大，不同的人生志向決定了不同的命運：想得最遠的也走得最遠，沒有想法的只能在原地踏步。世界暢銷書作者馬克‧漢森（Mark Hansen）說過：「唯有不可思議的目標才能產生不可思議的結果。」

故事中的三個人，他們不一樣的人生態度也決定了他們不一樣的人生。第一個人充滿怨氣，第二個人比較樂觀，第三個人則是心胸開闊、樂觀自信的。一個人的心胸是否寬廣也決定了他們的夢想與志向。想想看，一個整天抱怨、愁眉苦臉的人，是不會擁有志向高遠的夢想的。你就是將一個美好的夢想送給他，他也有可能抱怨你為什麼給他的只是個夢想，而不是結果。

「心有多大」，這個心不僅包括一個夢想、寬廣的胸懷，還應該包括自信心、決心和恆心。只有充滿自信，並下定決心、排除萬難、持之以恆，才能在人生這個舞臺上大有作為。

所謂胸懷，就是一股用天下之材、盡天下之利的氣度，當然，還包括相當程度的包容──對異己的包容，對陌生的包容，對不如己者的包容。只有這樣，你才會形成一種從廣

第四章　寬恕與包容，讓人生更加順遂

大處覓人生的態度，把生命的境界做大，把事業做大。人的知識是學出來的，人的能力是練出來的，而人的胸懷是修出來的！因為心有多大，人的思維格局就有多大，它不受任何空間的限制，這也就是心容環宇的概念。

　　一開始心中懷有最終目標，就會呈現出與眾不同的眼界。相信自己，沒有做不到的，只有想不到的。

時常反省自身，不妄論他人是非

「靜坐常思己過」是講要嚴於律己，意思是沉靜下來要經常自省自己的過失，要克非、為善、去惡；「閒談莫論人非」是說閒談的時候莫議論別人的是非得失，這是儒家倡導的道德修養的重要方法。

「靜坐常思己過」，是一種反省的功夫。假如我們能在靜下來的時候，想想自己在為人處事方面有疏忽或虧欠的地方，自然就減少了對別人抱怨、嫉恨或報復的心情；也同時由於明白了自己的過失而得到一些警惕，以後將不致再犯同樣的過錯。這是前人勸我們「靜坐常思己過」的真正意義。

至於「閒談莫論人非」則更是我們為人處世的一條金科玉律。把談論別人是非的精神用來「常思己過」，既可減少得罪人的機會，又可隨時改正了自己的缺點，可以說是一舉兩得。

有人說：「假如我們都知道別人在背後怎樣談論我們的話，恐怕連一個朋友也沒有了。」這並不是一句否定人與人之間友情的話，相反的，它正可以告訴我們，對背後的閒話

第四章　寬恕與包容，讓人生更加順遂

盡可不必去認真打聽和計較。

曾經有一個小和尚非常苦惱，因為師兄師弟們總是在說他的閒話。無處不在的閒話讓他無所適從。

唸經的時候，他的心卻不在經文上，而是在那些閒話上。於是，他便跑去向師父告狀：「師父，他們老說我的閒話。」師父雙目微閉，輕輕說了一句：「是你自己老說閒話。」

「師父，他們瞎操閒心。」小和尚不服氣地說。

「不是他們瞎操閒心，是你自己瞎操閒心。」

「他們多管閒事。」

「不是他們多管閒事，是你自己多管閒事。」

「師父您為什麼這麼說呢？我管的都是自己的事啊！」

「操閒心、說閒話、管閒事，那是他們的事，就讓他們做去，與你何干？你不好好唸經，老想著他們操閒心，不是你在操閒心嗎？老說他們說閒話，不是你在說閒話嗎？老管他們說閒話的事，不也是你在管閒事嗎？……」

話未說完，小和尚茅塞頓開。

要知道，人們在背後一時興之所至，談到了你的過錯或缺點，說了對你不利的話，這是人之常情。即使他是你的朋友，偶爾一兩次順口說出來的話，也並不證明他不夠朋友。假如你不知道，這事情就會和根本沒有發生過一樣。

時常反省自身，不妄論他人是非

可是，假如你時常擔心別人背後對你的談論，而要千方百計地去打聽的話，傳話的人可能會把事情誇張些或歪曲些。這樣一來，本是無意之間的閒談，就會成為相當嚴重的有意中傷，當然就會影響到朋友之間的感情。假如你喜歡你的朋友，在傳話的人面前，你反而應該替他辯護一下或澄清一下才對。因為這是換得朋友對你的信任及杜絕閒話的最好辦法。

朋友之間的感情本不是短時間可以建立得起來的。在彼此交往期間，不計較小的恩怨，適當地消除小的誤會，原諒對方有意無意的錯誤等等，都是使友誼鞏固和增進的最好辦法。許多人一生交不到一個朋友，就是因為太斤斤計較了。要知道，世間有幾個人沒有缺點和沒有粗心大意的時候呢？假如別人也同樣的來計較我們的過失的話，我們不是也會成為孤苦伶仃的可憐人了嗎？

不管是家庭內部，還是鄰里之間、朋友之間、同事之間，假如大家見了面都是一團和氣，彼此心中沒有成見，沒有意氣用事的地方，嘻嘻哈哈，有說有笑，那該多好！而這種快樂氣氛的形成，就是靠著每一個人從本身做起的一種寬厚、容忍的功夫。

平時對人抱持一個「恕」字，時時去欣賞別人的好處，記著別人的好處，忘掉別人的錯誤，原諒別人的缺點，不去故

第四章　寬恕與包容，讓人生更加順遂

意挑剔別人，這就可以獲得一種心安理得的快樂。舊式大家庭裡常常因為人多嘴雜，彼此之間堆滿了猜忌和嫌怨，往往養成人們尖酸刻薄、睚眥必報的習慣。

常見有人在說話方面不饒人，你損我一句，我必定要報復你三句，認為這就是精神上莫大的勝利。可是事實上，我們知道，無論所爭執的事是大是小，既有爭執和意見，心裡就不會舒服；無論自己是勝是敗，精神上總難免受相當的損失。為瑣屑小事爭強好勝的結果，必定會把無意變為有意，把小事擴大為大事，以後就更難和平相處了。

「和氣可以致祥」，若要使自己生活得愉快祥和，就不要忘記「和氣」二字。和氣並非軟弱，一個懂得「和氣」二字用處的人，和氣會成為他的無形武器。它不但可以避免捲入無益爭論的漩渦，還可以克服對他有所不利的敵人，而且可以更進一步把敵人化為朋友。

把談論人非的精神用來常思己過，既可以降低得罪他人的機率，也可糾正自己的不足之處。適度地保持一份靜思、一份沉默，用更多的時間來使自己在混亂不安的塵世間保持清醒，此乃修身養性之道，此乃皆大歡喜之事，何樂而不為呢？

第五章

懷抱感恩之心，
創造真正的快樂

　　感恩使我們在失敗時看到差距，在不幸時得到慰藉，獲得溫暖，激發我們挑戰困難的勇氣，進而獲取前進的動力。換一種角度去看待人生的失意與不幸，對生活時時懷一份感恩的心情，能使自己永遠保持健康的心態、完美的人格和進取的信念。感恩是一種歌唱生活的方式，它來自對生活的愛與希望。感恩是一種對恩惠心存感激的表示，是每一位不忘他人恩情的人縈繞心間的情感。學會感恩，是為了擦亮蒙塵的心靈而不致麻木，是為了將無以為報的點滴付出永銘於心。

第五章　懷抱感恩之心，創造真正的快樂

沒有感恩，就無法擁有真正的美好

法國著名思想家盧梭說：沒有感恩就沒有真正的美。因為，感恩是一種處世哲學，也是生活中的大智慧。學會感恩，為自己已有的而感恩，感謝生活對你的贈予。這樣你才會有一個正向的人生觀，才會消除仇恨別人的心理。

古人也說：「滴水之恩，當湧泉相報。」因為，感恩也是一種美德。而一個智慧的人，不應該為自己沒有的斤斤計較，也不應該一味索取，使自己的私欲膨脹，而是要學會感恩。

有一位老闆生意做得很大，並且非常成功，賺了許多錢。為追求更多的利潤，他對員工很嚴格，甚至很苛刻。員工犯了錯，他常厲聲責罵，絲毫不留情面，因此公司裡的員工對他都心存畏懼。

這位老闆的母親對兒子粗魯的言行也略有耳聞，她一直想規勸兒子，但沒有合適的時機。

有一次，當這位老闆和家人共進晚餐時，電話突然響起。這位老闆在電話裡大罵業務部經理的辦事不力，讓公司銷售額略有下滑。

沒有感恩，就無法擁有真正的美好

當他怒氣沖沖回到餐桌繼續用餐時，母親便對他說：「你這樣對待你的員工是不對的！你不要因為自己生意做得很大就自認為了不起。你要知道，如果沒有那些員工，你只不過是『垃圾堆裡的老闆』，你自己好好想一想！」

老闆聽完母親的話後，一臉茫然，完全不知道他母親所說的「垃圾堆裡的老闆」是什麼意思。

有一次，公司放假，這位老闆想到辦公室去處理一些事情。他到了辦公室後，發覺辦公室沒有人清掃，顯得有些凌亂，和平日整潔明亮的情景大不相同。他想喝杯咖啡，卻發覺自己連燒水用的水壺都不會使用。

過了一會兒，老闆開始處理些事情，但是他找不到相關文件，找不到文件，想發電子郵件給客戶也沒有祕書幫他打字。結果忙了大半天，卻沒能順利地完成一件事。這時他頓悟了他母親所說的「沒有那些員工，你不過是『垃圾堆裡的老闆』」這句話的含意。

此時，這位老闆恍然大悟：「原來我生意之所以能夠成功，都是這些員工平日辛苦所換來的，並不是我一個人的功勞啊！沒有了他們，我怎麼會有今天的成就呢？我實在應該把他們看成我的恩人才對啊！」

這位老闆自從體會了這個道理之後，一改以往對待員工的苛責、刻薄的態度，代之以對員工的鼓勵、信任，並提高了員工的福利待遇。員工們感受到老闆明顯的改變後，都很驚訝，為了回報老闆為他們所做的一切，大家都更加努力工作。結果，公司的業績更上一層樓。

第五章　懷抱感恩之心，創造真正的快樂

當然，在生活中不僅僅是老闆要對員工感恩，更重要的是，我們應該對每個人表示感恩，父母子女之間如此，同事之間如此，夫妻之間亦應如此。

身為一個人，不要過多地奢求什麼，不要過分地抱怨生活的不公、命運的不平、造物的弄人，也不要去憎恨曾經傷害你的人。相反，我們應該常懷一顆感恩的心，我們要感謝大自然，感謝父母兄弟，感謝師長愛人，感謝朋友路人，甚至感謝我們的敵人……總之，我們要感恩這個世界上一切幫助過我們的人或事物。

事實上，我們每個人每天的生活都在仰賴著他人的奉獻，卻忘記了要感恩，也有的人一旦受到了一丁點委屈，就會去仇視傷害他的人。但是，心懷感恩是維繫人際關係的不二法門。我們應該放下抱怨、苛責、仇恨，心懷感激，對他人的付出有所回報，這樣你的人際關係就會越來越好，而你自己也會從中受益更多。

在生活中，只要有機會，就應該把感恩之心表達出來。當你懂得感恩時，你就會獲得好人緣，就會獲得他人的幫助與支持。從此以後，你會更加幸福。

感恩之心，讓世界充滿愛與溫暖

在水中放進一塊小小的明礬，就能沉澱所有的渣滓。如果在我們的心中培植感恩的想法，則可以沉澱許多的浮躁、不安，消融許多的不滿與不幸。感恩，不是壓力，不是桎梏，更不是負擔責任，而是催人向上的動力。

人生在世，不可能一帆風順，種種失敗、無奈都需要我們勇敢地面對，豁達地處理。這時，是一味地埋怨生活，從此變得消沉、萎靡不振？還是對生活滿懷感恩，跌倒了再爬起來？英國作家薩克萊(Thackeray)說：「生活就是一面鏡子，你笑，它也笑；你哭，它也哭。」你感恩生活，生活將賜予你燦爛的陽光；你不感恩，只知一味地怨天尤人，最終可能一無所有！成功時，感恩的理由固然能找到許多；失敗時，不感恩的藉口卻只需一個。殊不知，失敗或不幸時更應該感恩生活。

深秋，樹上的葉子掉光了。幾隻螞蟻有些冷，便鑽在樹葉下避風取暖。

螞蟻對樹葉說：「都說螞蟻渺小無用，我看你們才渺小無用。你們一生當中，沒半點自由，一直到老了乾枯，掉落在

第五章　懷抱感恩之心，創造真正的快樂

地上，也不能走上幾步到自己喜歡的地方玩耍玩耍。只有秋風可憐你們，把你們吹動幾步，給你們一點自由。哎，可憐的黃葉，可惜你們很快就將變成殘葉和塵土了……」

枯葉說：「渺小無妨，今天我能替你們擋一會兒寒冷，就已心滿意足了。」

旁邊的一棵大樹聽了他們的話，對螞蟻說：「螞蟻兄弟，每當別人稱讚我是一棵棟梁之材時，我心裡便覺慚愧，沒有這些樹葉，我能長大成材嗎？我要從心裡喊一聲：樹葉萬歲！」

樹葉的偉大之處正在於它的無私奉獻，只問付出，不問收穫。它染綠了這個世界，使天地間的一切變得生機勃勃，而當深秋來臨的時候卻又無聲無息地悄然而逝，並用生命中最後的餘熱為幾隻螞蟻取暖。

我們總是想著自己的遭遇，總是抱怨社會的不公，但是換位想一想，如果我們能夠用感恩的心來對待生活，也許我們可以過得更快樂一些。感恩節是美國一個最道地的國定假日。在這一天，具有各種信仰和各種背景的美國人，共同為他們一年來所受到的上蒼的恩典表示感謝，虔誠地祈求上帝繼續賜福。

1620 年，一些飽受宗教迫害的清教徒，乘坐「五月花」號去北美新大陸尋求宗教自由。他們在海上顛簸折騰了兩個月之後，終於在酷寒的 11 月裡，在現在的麻薩諸塞州的普利茅斯登陸。

感恩之心，讓世界充滿愛與溫暖

在第一個冬天，半數以上的移民都死於飢餓和傳染病。

活下來的人們生活十分艱難，他們在第一個春季開始播種。為了生存，整個夏天他們都祈禱上帝保佑並熱切地盼望著豐收的到來，因為他們深知秋天的收穫決定了他們的生死存亡。

後來，莊稼終於獲得了豐收。大家非常感激上帝的恩典，決定要選一個日子來永遠紀念。這就是美國感恩節的由來。

其實值得感恩的不僅僅是對上蒼，我們對父母、親朋、同學、同事、主管、部下、政府、社會等等都應始終抱有感恩之心。我們的生命、健康、財富以及我們每天享受著的空氣、陽光、水源，莫不應在我們的感恩之列。一位盲人曾經請人在自己乞討用的牌子上這樣寫道：「春天就要來了，而我卻看不到她。」我們與這位盲人相比，進一步說與那些失去生命和自由的人相比，目前能這樣快快樂樂地活在世界上，誰說不是一種命運的恩賜呢？我們還有什麼理由總去抱怨命運帶給自己的不幸和不平呢？

所以，儘管苦難不能忘記，罪惡必須得到懲罰，但我們也的確應常懷感激之心，並努力回報那些給予我們恩情的人們。回報父母之恩，是他們讓我們有機會看到這個精采紛呈的世界；回報母校之恩，是各位師長培育我們成長；回報公司之恩，是公司在我們需要工作機會的時候，提供了我們工

第五章　懷抱感恩之心，創造真正的快樂

作機會，使我們能夠在工作中繼續學習鍛鍊，還能獲得報酬；回報主管之恩，是他的責罵、嚴格要求和言傳身教，使我們不斷成長和進步，使我們沒有陷於懶散和放任的泥潭；回報同事之恩，是他們與我們一起工作和奮鬥，共同開拓著未來；回報社會之恩，是社會提供了我們這樣一個美好的時代和自由生活的舞臺；回報政府之恩，是政府提供了我們安寧和秩序，使我們免受混亂；回報員工之恩，是他們的鼎力支持和努力工作才使身為上級的我們有所成就……

感恩是一個人與生俱來的本性，是一個人不可磨滅的良知，也是現代社會成功人士健康性格的表現，一個連感恩都不知曉的人必定擁有一顆冷酷絕情的心。在人生的道路上，隨時都會產生令人動容的感恩之事。感恩不僅僅是為了報恩，因為有些恩情是我們無法回報的，有些恩情更不是等量回報就能一筆還清的，唯有用純真的心靈去感動去銘刻、永記，才能真正對得起給你恩惠的人。

感恩是生活中最大的智慧。時常擁有感恩之情，我們便會時刻有報恩之心。有了報恩之心，就會把成就歸功於大家，失誤歸於自己；就會把公司的優點告訴大家，把公司的不足告訴上級。而犧牲精神便會凝聚在我們體內，當需要放棄個人英雄主義時，我們坦然面對；在公司困難的時候，甘願做出自我利益的犧牲；在他人困難的時候，甘願不計利益提供幫助。

常懷感恩之心，我們便會更加感激和懷想那些有恩於我們卻不言回報的每一個人。正是因為他們的存在，我們才有了今天的幸福和喜悅。常懷感恩之心，便會以給予別人更多的幫助和鼓勵為最大的快樂，便能對落難或者絕處求生的人們愛心融融地伸出援助之手，而且不求回報。常懷感恩之心，對別人和環境就會少一分挑剔，多一分欣賞。

　　感恩之心使我們為自己的過錯或罪行發自內心懺悔並主動接受應有的懲罰；感恩之心又足以稀釋我們心中狹隘的積怨和仇恨；感恩之心還可以幫助我們度過巨大的痛苦和災難。常懷感恩之心，我們也會逐漸原諒那些曾和你有過結怨甚至觸及你心靈痛處的那些人；常懷感恩之心，我們便能夠生活在一個感恩的世界。

第五章　懷抱感恩之心，創造真正的快樂

每天留點時間，
思考值得感謝的人事物

　　每天都花上幾十秒鐘過過「感恩節」，這對你的生活很有好處。早晨醒來第一件事便是想想別人的好處，心存感激，接下來的一天裡，你將不再感到煩惱和沮喪。

　　每天早晨一覺醒來，首先想一想有什麼人的優點值得自己學習，並在未來的一天裡身體力行，再想想他的人格是否對自己的成長有所啟示與幫助——如果有，就要心存感激；若缺少發現，則需要有所思考。

　　對別人心存感激，你就會感到人生的愉快。感恩也是一種愛，任何負面的情緒在與愛相接觸後，就如冰雪遇上了陽光，很快就消融了。如果有個人正在跟你發脾氣，而你只要始終待之以愛心和溫情，最後他是會改變先前的態度的。

　　實際上，心存感激與平和的內心狀態是彼此相連繫的，你越是對生活心存感激，你越生活得祥和愜意，因為生活總是對誠摯給予回報。如果你在這方面做得還不夠，則需進行練習。

即使受到了委屈與不公,你也不可對生活喪失信心,你始終應該堅信:生活是美好的,生活中的人們是善良的。所以,睜大你的雙眼,去發現你周圍的真、善、美。

每一天,你呼吸、走路、穿衣、飲食,為此你應該感激天空、大地、牛羊、蔬菜、農民和工人,沒有這一切就沒有你──你是這個世界的愛的結果。不僅如此,你從呱呱墜地的嬰兒成長為一個英俊青年或是漂亮女孩,甚至已經成家立業、功成名就,在你的成長過程中,不知有多少可親可敬的人們曾經為你付出心血!你真的應該對他們心存感激。你應該感激你可愛的朋友、家人、師長、同事以及你過去的伴侶,甚至還應感激啟發了你的思想的古聖先賢,還有許多數不清的人們──哪怕那些只是曾經給予過你小方便的陌路之人。古語云:「滴水之恩,當以湧泉相報。」你應時刻以此為訓。

人的思想有著一種潛在的脆弱性,如不加強自我修養,則很容易「誤入歧途」,失去對他人的感謝之情,想當然地否定你身邊的人們。此時,與他們相處你不再感覺良好,愛意被敵視取代,你開始感到某種沮喪。所以,你必須強化正面的自我意識,以一雙慧眼來看待生活,把注意力集中到他人的優點上。

一般情況下,當你心平氣和、狀態良好時,就會覺得人

第五章　懷抱感恩之心，創造真正的快樂

們很好，你很自然地想起一張又一張可愛的臉龐，內心充滿親切愉悅之情。不一會兒，你開始覺得別的事物也變得美好起來了，你開始慶幸自己的健康，想著孩子的可愛，你由衷地為自己的事業而自豪，你感到了自由的可貴……整個生活、整個世界都太美妙了！

珍惜親情，
勇敢表達對家人的愛

親人之間的相互關愛、支持、鼓勵，使我們樂觀地面對失意和不幸，使我們勇攀事業的高峰，使我們暢享豐盈的人生。在你開創自己事業的同時，別忘記珍藏起親情中的那份溫馨。

親情的真諦是付出，毫無怨言地付出。親情是人世間最偉大、最無私的情感，無論你做錯什麼事情，無論你遇到多大的風浪，親人總會為你遮風擋雨，為你敞開溫暖的雙臂。

親情之愛，無條件，無要求，是最純粹的，說不出道理。父母為了撫養我們，頭上的白髮似乎就沒有停止生長過。他們彷彿是永遠不會停止的機器，總是在無休止地忙碌著、付出著。父母在烈日下為我們撐起一片陰涼，而自己卻在酷暑中汗流浹背。他們在暴雨中為我們撐起一片無雨的空間，任由大雨在他們身上敲擊。我們應該為父母獻上一份殷勤，付出一份心意來回報他們。

第五章　懷抱感恩之心，創造真正的快樂

有一個男孩，當時在寄宿制高中讀書。家裡經濟條件不怎麼寬裕，可是父母對孩子寄予厚望，省吃儉用供孩子上學。可這孩子不當一回事，不用功讀書，經常晚上約同學在寢室裡偷偷地打麻將。

有一次，兒子打電話給父親，謊稱要準備考試，週末不回家了，要在寢室裡加緊複習功課。父親信以為真，想到準備考試很辛苦，為了替孩子補充營養，那天父親在家裡特意燒了好多菜，然後換乘了好幾趟公車，花了3個多小時，汗流浹背地趕往學校。可此刻，兒子在寢室裡玩興正濃，與幾個同學正在「嘩嘩」地搓著麻將。

突然，傳來一陣輕輕的敲門聲，他們手忙腳亂地把麻將藏起來，然後慢騰騰地開門。打開房門，兒子看到父親正氣喘吁吁地站在自己的面前，父親那微抖的手裡拎著一大包東西。「爸爸，你怎麼來了？」兒子驚奇地問道。父親微微一笑：「聽說你馬上要大考了，我不放心你那單薄的身子，炒了幾個菜，送來給你。我不進屋打擾你們了，你就自己拿進去吧，趁菜還有點熱，你先吃點。我走了。」父親說完把袋子遞給兒子，轉身消失在寢室外面的黑暗之中。

頓時兒子的內心深處似乎被猛擊了一掌，他久久地站立在那裡，眼眶裡兩行熱淚禁不住淌了下來。他被親情震撼了，覺得自己有愧於父親，自己竟用謊言來矇騙那樣愛自己疼自己的父親。他醒悟了，感到絕不能再這樣稀裡糊塗地混日子，一定要刻苦讀書來報答父親的關愛。這位兒子很爭

氣，後來他如願以償地考上好大學，以優異的成績出國留學了。

親人就是這樣，他們會關心你的生活，影響你的思想，促進你的事業。有了親人的教誨，你的生活才會更加完整，你的能力和個性才會得到更好的體現，走出平庸，創造不凡。

你點滴的成長與進步都離不開親人的辛勞與付出；你人生路上的每一個足跡都浸透著親人的汗水與心血。在親人的期望與鼓舞下，你能夠立身明理，立世成才，實現自己的人生目標，體現自己的生命價值。

「假使有人左肩荷父，右肩荷母，行萬里路也不能報答父母養育之恩；假使有人剝皮為紙，折骨為筆，和血為墨，盡情抒寫父母的養育之恩，也不能書盡。」讀著這樣的佛語，你的心靈是否為之深深震撼！也許很自然地就會想到自己的父母，想起天下所有為兒女操勞奔波、含辛茹苦的父母們。永遠記得上學時，每當雨天，母親撐著傘蹣跚於鄉間泥濘小道的腳步；記得在昏暗的燈光下，母親為自己縫衣服的情景；記得在生活、學習中遇到困難時，父親的諄諄教導，語重心長；記得每次過年回家時，父母頂著瑟瑟寒風早早等候在車站月臺。

在人類所有的愛中，父愛和母愛是最偉大、最無私的，

第五章　懷抱感恩之心，創造真正的快樂

「大音希聲，大象無形」，大愛不求任何回報，只要是孩子需要的，父母一定會奉獻出自己的所有，甚至是自己的身體包括生命。每個人都是父母的孩子，有的還是孩子的父母，對於這種無私的大愛一定有刻骨銘心的體會和記憶。

小時候，我們總是圍繞在爸爸、媽媽的周圍玩耍。漸漸地長大後就離開父母的身邊，而且不常回來，回來時往往是不快樂的時候，要不就是有什麼需求的時候，而父母常常會把他們身上最好的、最符合我們需求的東西交給我們。而這時，我們總是拿了東西轉身就走，捫心自問，我們這些做兒女的到底為父母做過些什麼呢？什麼時候真正體會過父母的心意？似乎我們都在忙，沒有一點時間能安心地坐下來，陪他們說說話，談談心，最多也就是留下一些錢，匆匆地交代幾句就走了。就這樣，我們的父母還逢人便誇我們孝順、體貼、懂事，久而久之，也就形成了一種固定模式，我們也認為自己是孝順、體貼、懂事的兒女。

殊不知，我們更多地忽略了父母的真實感受，忽略了每次回家時，父母想和我們好好聊聊的那渴求的眼神；我們可能從沒細想過，父母在牽掛我們的同時，其實更需要我們走進他們的內心，了解他們的苦惱，分享他們的快樂，明白他們的孤獨……可我們呢，還是就這樣習慣地麻木著。

從小到大，我們的每一步都拉扯著父母的心，牽動著父

母的情。年輕的時候，我們只知道一味地、理所當然地向父母索取，他們再苦再累也總是毫無怨言地盡量滿足我們的一切要求，即便是那些在今天看來極其無理的要求。可悲的是，等我們真正能夠意識到、體會到父母的艱辛不易時，歲月的風霜早就染白了他們的雙鬢，交織的皺紋也累積了他們太多的滄桑。或許某一天，他們就會永遠離我們而去，那時已是「子欲養而親不在」了……

「子欲養而親不在」，這種巨大的遺憾可能還將發生在很多人身上。如果你還幸福地擁有父母之愛，那麼請別忘記在百忙之中抽出時間回家看看，聽聽媽媽的嘮叨，和爸爸談談工作。父母並不希冀什麼回報，而每個孩子都應該知道回報，要默默地、自覺地回報父母。我們要努力工作，好好生活，讓親人少一點擔心，讓父母安享晚年。

第五章　懷抱感恩之心，創造真正的快樂

感恩失去，
讓我們學會釋懷與放下

人生苦短，何必為了曾經的失去浪費光陰呢？小失才能有大得；有區域性之失，才能有整體之得。我們每個人都應該學會樂觀處世，縱使失去了所有的一切，我們還有最寶貴的生命，我們仍能夠創造出美好的明天。

人世上一切事物不可能永遠存在，生命都是如此，又何必去在乎生活中的得失呢？人生中你能得到很多東西，同時也會失去很多東西，人老珠黃的煩惱、花開花落的無奈，總是令人嘆息。一些失去的東西，其實從來未曾真正屬於你，也不必惋惜。該來的會來，該走的會走，我們應該學會習慣失去，有時得到是一種偶然，失去才是必然。

人們都在追求美好的生活，為了達到自己的心願而努力著。然而，現實生活中，我們在不斷得到的同時必然會失去其他東西。失去是不幸的，但失去也是幸運的，因為在失去的同時你也在收穫。命運一向都是公平的，你在這方面失去了，也許就會在另一方面得到補償，又何必為了一時的失去

而感到遺憾呢？

　　每個人都有失去的經歷，有的人在失去心愛的東西的時候，以淚水和悔恨來面對；有的人則吸取了教訓，從此更加努力，創造更加美好的東西。生活是很公平的，他在對你關上一扇窗的時候，便會為你打開一扇門。只要你能夠在遇到挫折或失敗時，勇敢地振作起來，努力奮鬥，就一定能夠找到那扇門。

　　一位叫胡克的年輕人，有一天突然被公司解僱了，對於他來說，這個消息如同「晴天霹靂」。因一時找不到其他合適的工作，他便自己做起了小生意，第一次當老闆，做自己想做的事，雖然要面對各種困難，解決面臨的各種問題，但是他現在的生活更有意義，更有挑戰性。他失去了工作，但他並沒有沉浸在被解僱的悲痛中，而是積極地去尋找另一條通往成功的道路，從此努力奮鬥，最終他成功了，成了一個大富翁。

　　無論任何時候，都有一條路是通向光明的，但如果你過於傷心就會錯過機會，所以在我們面對失去的時候，不妨豁達一點。月亮尚有圓缺，何況是我們的生活呢？既然得失我們無法左右，失去往往又是必然，那麼我們只能珍惜目前所擁有的。正確地面對失去，不要讓它影響到我們的生活，即使真的失去了也可以泰然處之，這才是我們需要達到的境界。

第五章　懷抱感恩之心，創造真正的快樂

我們都不想失去一些美好的東西，但失去的不會再來。也正因為失去的注定會失去，我們才應該更加珍惜現在走過的每一分每一秒，好好珍惜眼前的，快樂地度過每一天，學會享受現在所擁有的一切，而不要再為已經失去的傷心難過！

相傳，在曲阜東面的泗水有一眼泉水很特別，人們稱之為「神泉」。其泉水清澈，從地下湧出來的水熱氣騰騰，很適合沐浴，並且能夠輔助治療某些病症。也許是巧合，也許是泉水的療效，很多人的疑難病症在這裡得以根除。

有一天，一個眼瞎的老人也來到了這裡。然而，這位老人遭到了許多人的嘲笑。他們認為他的眼睛已經沒有復原的機會了，而他仍不死心地來這裡治療。他們笑道：「多麼愚蠢，多麼固執啊！」

面對眾人的譏笑和追問，老人從容地答道：「我的眼睛是已經失明了，不管是療效多好的藥物也醫治不好。可是，黑暗的生活在我心裡早已結束了，我來這裡是享受生活的，不是來治療已經沒有希望的眼睛的。我已經以平淡的心去接納已失去的現實，不再嘗試去做無謂的彌補。雖然現在看來我仍是個瞎子，但是我卻好像看到了光明和美麗的風景。不是用我的眼睛，是用我的心。我要盡情地去享受我的生活，不再為失去的掉一滴眼淚，因為我不希望黑暗再一次籠罩我今後的生活！我感恩這眼泉水帶給我的歡樂！」老人的話讓在場的所有人都陷入了沉思。

有一句話叫「別為已打翻的牛奶哭泣」,牛奶被打翻已成為事實,不可能被重新裝回瓶中。我們唯一能做的,就是尋找原因,吸取教訓,然後忘記那些不愉快。而生活中,有很多人還在為那些已失去的傷心流淚,去做一些無謂的爭取,殊不知,這不但浪費時間與精力,還讓一些機會從身邊悄悄溜走。

面對失去,我們應當從失去中吸取教訓,然後滿懷信心地投入到新的生活中。而那些陷在泥潭中不能自拔的人,最終將會被生活拋棄!我們時時刻刻都應該為新的征程而努力,朝向新的理想、新的目標、新的追求。人的一生本來就是一個得而復失的過程,我們要為擁有而笑,而不應該為失去而哭。

第五章　懷抱感恩之心，創造真正的快樂

感恩困難，
讓我們變得更堅韌與卓越

生活就是這樣，如果你換種心情，不把磨難當成痛苦，而是將磨難化為前進的動力，那麼磨難也就不再是痛苦，成功之門也將為你打開。

人生在世，道路不可能一路平坦，總要經受很多折磨，遭受很多苦難。其實換一種眼光看待生活，經受折磨和遭受苦難對人生的作用並不是負面的，反而是一種促進人走向成熟的正面因素。

生命唯有經歷了各式各樣的磨難，才能拓展厚度。沒有經歷過磨難的雄鷹永遠不能高飛，沒有被老闆、上司磨練過的員工永遠不能提高自身能力。把別人對自己的磨練當成前進的動力吧！

巴拉尼小時候生病了，後來沒有康復，成了殘疾，他母親強忍住自己的悲痛，走到他的病床前，拉著他的手說：「孩子，媽媽相信你是個很堅強的人，媽媽對你充滿信心，希望你鼓足勇氣，用自己的雙腿，在人生的道路上勇敢地走下去！好嗎？」

母親的話重重地撞擊了巴拉尼的心。從此以後,巴拉尼努力地練習走路,進行體力訓練,常常累得滿頭大汗。不管有多累,他都要堅持完成當天的鍛鍊計畫。

體育鍛鍊彌補了殘疾帶給巴拉尼的不便,他最終還是經受住了命運所帶來的殘酷折磨和打擊。在學校,他非常努力地學習,成績在班上一直名列前茅。最後,以優異的成績進入了維也納大學醫學院的校門。大學畢業後,巴拉尼以全部精力致力於耳科神經學的研究。最後,終於登上了諾貝爾生理學和醫學獎的領獎臺。

巴拉尼之所以能夠戰勝困難,和他頑強的毅力是分不開的,身體上的缺陷並沒有讓他失去信心,反而激發了他的鬥志,讓他更加努力,最後戰勝了自己,獲得了成功。可見,成功背後都隱藏著無數磨難,不經歷磨難和困難是不會成功的。

要得到自己想要的就必須能夠承受磨難,磨難是對人的鍛鍊,也是成長必經的過程。俗話說:不經歷風雨,怎麼見彩虹?沒有人能夠隨隨便便成功。沒有經歷磨難,怎麼能取得輝煌的成就?艱辛的歷程、刻骨銘心的折磨能帶給我們巨大的動力。

每個人都想取得成功,但不是每一個人都能獲得成功。成功不是路邊的小石子隨處可撿,也不是田間的小草隨意可覓。取得成功,需要走一段漫長的路,在這期間是要經過許

第五章　懷抱感恩之心，創造真正的快樂

多磨難的。每個人都要以正向的心態面對生活，面對那些在工作、事業、生活、生命中折磨自己的人，我們要將磨難看成是對自己的鍛鍊，重新認知自己，突破心理障礙，激發自己的潛能，化磨難為動力，在磨難中成長、進步，實現人生的目標和事業的成功。

在我們成長的過程中，總是會遇到讓我們的心靈和身體受到折磨的人或者事，關鍵看我們怎麼去面對困難與折磨。何不將那看成是上天對我們的眷顧呢？沒有折磨和困難，生命也就會變得黯淡無光。只有經歷了磨難，生活才會更美好、更精采。如果你摔跤了，你能立刻爬起來，拍拍灰塵，依然前進，步伐仍是那樣的堅定。那麼，就表示你沒有被困難打倒，反而給了你前進的勇氣和動力。如果我們相信磨難是能給我們動力的，那麼一切困難與折磨都沒有什麼可怕的。

每個人都希望自己的生活中能夠多一些幸福、少一些痛苦，多些平坦、少些挫折，可是生活不會那麼完美，困難總是不可避免的。有的人因為磨難而失去了信心，失去了導航的方向。與其這樣，還不如化磨難為前進的動力，而動力就是我們走向成功的正確方向。從這個意義上來說，應該感謝折磨你的人或事。

感恩缺憾，
讓我們更加理性與從容

沒有缺陷便無從衡量完美，完美往往讓我們失去很多美好的東西，或許正是缺憾才成就了人生的精采。

人活在世間，不如意事十之八九，誰能事事順心呢？其實人生從來不曾完美，人生就是這樣子，永遠是缺憾的。佛學裡把這個世界叫做「婆娑世界」，翻譯過來就是能忍許多缺憾的世界。本來世界就是有缺憾的，不缺憾就不叫做人的世界，人的世界本來就有諸多缺憾，不完美才是完美，太完美了就是缺陷。我們總是生活在種種缺憾中，缺憾是與生俱來的，沒有缺憾就意味著圓滿，圓滿也意味著停滯，到達了終點。因為圓滿，會使人失去了「咬牙切齒」奮鬥的意志。如此，圓滿反而成了一個最大的缺憾了。

一個被劈去了一小片的圓想要找回一個完整的自己，到處找尋著自己的碎片。由於它的不完整而滾動得非常慢，也因而領略了沿途鮮花的美麗，它和蟲子們聊天，它充分感受陽光的溫暖。它找到了許多不同的碎片，但都不是原來那一

第五章　懷抱感恩之心，創造真正的快樂

塊。它堅持著找尋……直到有一天，它實現了自己的願望。然而，成了一個完整的圓後，它滾得太快了，錯過了花開的時節，忽略了蟲子……當它意識到這一切時，它毅然放棄了歷盡千辛萬苦找回的碎片。

失去斷臂的維納斯，她的美不僅征服了西方也征服了東方。曾幾何時，多少藝術家絞盡腦汁，想為她重塑雙臂，然而，欲成其美，適得其反。許多悲劇之所以那麼耐人尋味就在於它的缺憾，留給觀看的人很大的思考空間。正如狄德羅所說：「如果世界上一切都是十全十美的，那便沒有十全十美的東西了。」就像天有陰晴、月有圓缺一樣，正是有了缺憾，才造就了一個多彩多姿的自然世界。完美往往讓我們失去很多美好的東西，或許正是缺憾才成就了人生的精采。卓越、出色者並非完美，奇才常常有大缺憾。著名影星瑪麗蓮‧夢露，有人說她臉太短，身體則豐滿得有點偏胖，然而她卻被評價為20世紀最美的女人。美國偉大的總統林肯，外表並不出色，不修邊幅，嗓音粗啞，但他卻是歷史上最優秀的演說家。

莊子講過一個故事：有一個叫支離疏的人，臉部隱藏在肚臍下，肩膀比頭頂高，頸後的髮髻朝天，五臟的血管向上，兩條大腿和胸旁肋骨相併。替人家縫洗衣服，足可過活；替人家簸米篩糠，足可養十口人；政府徵兵時，他搖擺游離於其間；政府徵夫時，他因殘疾而免去勞役；政府放賑救濟貧病時，他可以領到三斗米和十捆柴。

感恩缺憾，讓我們更加理性與從容

「支離疏」意即形體支離不全。莊子寫這個人時沒有提到他的名字，想必是因為這個人的真名在當時就已經被人遺忘，而保留下「殘疾人」這個綽號了。在我們眼裡，這個人是很慘的，可莊子卻告訴我們說，殘缺也許是福——因此，我們要用感恩殘缺的心態對待自己的不足。

在美國，《獨立宣言》是廣受尊重的歷史檔案，其地位也許僅次於《聯邦憲法》。《獨立宣言》的原件珍藏於華盛頓國家檔案館，是美國的無價之寶。然而這樣一份神聖的、莊嚴的檔案，有誰能料到，其中竟有兩處「缺憾」。原來，當初這份文件成稿以後，大家發現遺漏了兩個字母，沒有人認為應該重新抄寫一遍，只是在行間把這兩個字母加了上去，並打上了「∧」的跳脫字元。在上面簽字的56名美國菁英，並未因此認為這有辱這份賦予國家自由的文件的聖潔。《獨立宣言》文字簡約，篇幅不長，重新抄寫得工整漂亮並不難做到。別說這樣重要的文件，就是一份普通的公文也有多少官僚為之而斤斤計較，但這種細枝末節的完美於問題的實質有無影響呢？值不值得把寶貴的時間精力花費在這上面呢？56名胸懷廣大、不拘小節、務實而又浪漫的菁英們簽下自己的大名，就迅速去為文件的內容而奮鬥了。世界上完美無缺的文件很多，但成為國寶的有幾件呢？形式上的細枝末節再完善，也不過是個形式而已，內容如何、執行的情況如何才是一份文件的價值所在。

第五章　懷抱感恩之心，創造真正的快樂

　　你的生活中是不是也有缺憾呢？還在為它而煩惱嗎？要想尋求到快樂，就必須學會放棄完美，感謝殘缺。人生的真諦，往往不是寄予「歌舞昇平」的繁華，也非蘊於「平步青雲」的愜意，更不在乎「兒孫滿堂」的完美，從某種意義上說，一個完美的人是可憐的。他永遠無法體會有所追求、有所希冀的感受，他無法體會他所愛的人帶給他一直追求而得不到的東西的喜悅。沒有缺憾，人生將變成一個痴迷、狂歡的舞臺。一個有勇氣放棄他無法實現的夢想的人是完整的，因為他們抵禦了利欲的衝擊。綜觀中國歷史五千年，其間無怨無悔的，唯有屈原、杜甫、司馬遷等有限幾個豪傑罷了，但正是缺憾成了他們的無憾，使他們在歷史長河中熠熠生輝。

感恩對手，
讓我們更清楚自己的價值

真正的對手給予我們的，不僅僅是威脅和爭鬥，同時還有一種求生和求勝的動力。感恩你的對手，方能盡顯品格的力量和生存的智慧。

人的一生會遇到各式各樣的對手。在學校裡，總有些人的成績在你之上，或者你稍有懈怠就會被別人超越；身在職場，總有些人比你更出色，或者你為了使自己更出色，必須付出比別人多的努力；好不容易有了自己的事業，卻發現同行中存在著可以吞併你的公司的對手。

一個人成功的過程，首先應該是一個征服的過程。征服了自己，征服了對手，征服了困難，才會成功。酒遇知己、棋逢對手是千載難逢的樂事。對手倦怠，所以我們慵懶；對手緊逼，所以我們飛翔；對手出色，所以我們拔萃——在競爭的時代，理解「對手」的意義或許比什麼都重要。

任何人都無法讓自己的對手不存在。我們都渴望與對手公平、公正、公開地競爭，然而這僅僅是我們的渴望。對手

第五章　懷抱感恩之心，創造真正的快樂

為了競爭的勝利，則會採用一切手段，令你防不勝防。但是，真正的勇者會尊重對手的各種手段，因為他們永遠都比普通人更能接受客觀現實。

真正促使你進步、成功的，激勵你昂首闊步向前的，不單是自己的能力和順境，更多的時候是被對手激發出的潛能，促使你不斷進步。因為有對手的存在，我們才得以發現自己的不足。讓對手激發我們無盡的潛能，喚醒我們不服輸的鬥志，從而為自己創造一個可以高飛的平臺，讓心靈去感受世界的精采。

一位動物學家對生活在非洲大草原奧蘭治河兩岸的羚羊群進行過研究，發現東岸羚羊群的繁殖能力比西岸的強，奔跑速度也要比西岸的羚羊每分鐘快13公尺。而兩岸羚羊的屬類都是相同的，食物來源也一樣。

於是，他在東西兩岸各捉了10隻羚羊，把牠們送往對岸。結果，運到東岸的10隻羚羊一年後繁殖到了14隻，運到西岸的10隻羚羊最終只剩下了3隻。

後來，動物學家觀察兩岸的環境才發現，原來在河東岸的羚羊生活的地區，還生活著一群狼。東岸的羚羊之所以強健，是因為在牠們附近生活的狼群時刻威脅著牠們，使牠們不得不加強自己的繁殖能力和奔跑速度；西岸的羚羊之所以弱小，也正是因為缺少了這麼一群天敵，變得懶惰安逸。

沒有天敵的動物往往最先滅絕，有天敵的動物則會逐步

感恩對手，讓我們更清楚自己的價值

繁衍壯大。大自然中的這一規律在人類社會也同樣存在。對手的力量會讓一個人發揮出巨大的潛能，創造出驚人的成績，尤其是當你的對手強大到足以威脅你生命的時候。

人的本性是不甘落後的，如果你一生沒有遇到對手，那你的生活則是平淡、毫無意義的。如果一個人沒有對手，就會甘於平庸；如果一個群體沒有對手，就會因為相互的依賴和潛移默化而喪失活力，喪失生機；如果一個行業沒有對手，就會喪失進取的意志，就會因為安於現狀而逐步走向衰亡。

許多人都把對手視為心腹大患，是異己，是眼中釘、肉中刺，恨不得馬上除之而後快。其實反過來仔細一想，便會發現擁有一個強勁的對手，是一種福分，一種造化。一個強勁的對手，會讓你時刻有危機感，會激發起你更加旺盛的精神和鬥志。在這個越來越講求和平、協助的年代裡，最高明的競爭結果是「雙贏」。對手不但會帶給你危機，同時也會帶給你商機。當你站在勝利的旗幟下時，別忘了曾經給你威脅的對手，要向他表示感謝，因為他的存在，你才會有如此輝煌的人生。

對手是一股督促你奮發向上的力量，有了磨練你的人，你才能不斷超越自我。從這一點來說，你應該向你的對手說聲「謝謝」。擁抱對手，你會擁有更廣闊的天空，但是永遠不要輕視自己的對手。是的，你的對手就在那裡，你要超越他，就要比他付出更多的心血和努力。

第五章　懷抱感恩之心，創造真正的快樂

感恩批評，
讓我們不斷自我完善

　　虛心接受別人的批評，用別人善意的批評來衡量自己的言行，檢查自己到底哪方面存在問題，並加以改正，往往可以贏得別人的好感和尊重，這對你事業的成功不無好處。

　　無論是在生活中還是工作中，我們經常遇到意見與自己相左的人。我們自認為自己十分優秀的業績或得意的報告卻被別人貶得一文不值，我們竭盡全力做出的創意被他們指責為脫離實際，常常，我們認為做得很好的事卻成了別人批評的焦點。面對這些批評，大多數人都會頭腦發熱，生氣地據理力爭，甚至還會用非常惡毒的話予以還擊，結果使事情變得更糟。還有一些沒有主見的人，一聽到別人的批評，馬上就推翻自己之前的所有努力，從而在成功路上走了彎路，這對自己不能不說是一種極大的損失。

　　其實，不管你從事什麼工作，總會有人對你的表現提出反對。過分看重別人的批評，只會增加自身的壓力，如果僅僅因為批評而否定自己，更不是明智之舉了。例如，美國總

統選舉過程中,競選中的勝出者也並不是所有人都支持的。所謂的壓倒性勝利指的是有60%的人投你的票,也就是說,就算是一個大贏家,也還是有40%的人投反對票。明白這個道理,在別人的批評面前,你就能保持冷靜與開闊的胸襟了。畢竟沒有一個人好到無懈可擊,可以避免批評的。

美國戲劇家亞瑟・米勒(Arthur Miller)在1980年代初,曾經到當時已年逾古稀的戲劇大家曹禺先生家做客。午飯前的休息時分,曹禺突然從書架上拿來一本裝幀講究的冊子,上面附著畫家黃永玉寫給他的一封信,曹禺逐字逐句地把它唸給亞瑟・米勒和在場的朋友們聽。這是一封措辭嚴厲且不講情面的信,信中這樣寫道:「我不喜歡你後期的戲,一個也不喜歡。你的心不在戲劇裡,你失去了偉大的靈通寶玉,你為勢位所誤!命題不鞏固、不縝密,演繹分析也不夠透澈,過去數不盡的精妙休止符、節拍、冷熱快慢的安排,那一籮一筐的雋語都消失了……」

這封信對曹禺的批評,用字不多卻措辭激烈,還夾雜著明顯羞辱的味道。然而曹禺唸著信的時候神情激動,彷彿這信是對他的褒獎和鼓勵。

當時,亞瑟・米勒對曹禺的行為感到茫然,其實這正是曹禺的清醒和真誠。儘管他已經是功成名就的戲劇大家,可他並沒有過分愛惜自己的榮譽和名聲。在這種「不可理喻」的舉動中,透露出曹禺已經把這種羞辱演繹成了對藝術缺陷的真切悔悟。那封信對他而言是一筆鞭策自己的珍貴饋贈,所

第五章　懷抱感恩之心，創造真正的快樂

以他要當眾感謝這一次羞辱。

對於他人的意見，心胸狹隘的人可能會把它看成是包袱，而心胸寬廣的人則把它看作是提高和充實自己的機會。聽取他人的意見，不是要懷疑自己，而是在相信自己的同時，不妨從另一個角度來看問題。很多時候，我們的目光被禁錮在一個狹小的範圍內，「鼠目寸光」而又「自以為是」，看不到事物的客觀真實性。

「金無足赤，人無完人」，誰都不能誇口自己是完美的。同時，也沒有人一無是處，在「胸有成竹」時相信自己，在「迷茫悵然」時相信他人，讓二者相互配合、相互補充，你會擁有精采的人生。

批評通常分為兩類，有價值的評價或是無理的責難。不管怎樣，坦然面對批評，並且從中找尋有價值、可參考的部分，進而學習、改進，你將獲得意想不到的成功。

湯姆是一名廚師，他曾在美國德克薩斯州的一個著名的度假村工作。每到週末，許多有錢人就到那裡度假、遊玩。有一個週末，當湯姆正在廚房裡忙碌不堪時，服務生端著一個盤子走進來，對湯姆說：「有位客人點了這道油炸馬鈴薯，他抱怨切得太厚了。」

湯姆看了一眼盤子，和以往的油炸馬鈴薯並沒有什麼不同。況且從來沒有客人抱怨切得太厚。儘管如此，他還是重新將馬鈴薯切薄些，重新做了一份讓服務生送去。

幾分鐘後，服務生氣呼呼地回到廚房，對湯姆說道：「我想那位挑剔的客人一定是生意上遇到麻煩了，就把氣發洩到我們身上，他對我大發牢騷，還是嫌切得太厚了。」

湯姆在忙碌的廚房中忍住脾氣靜下心來，耐著性子將馬鈴薯切成薄薄的片狀，然後放入油鍋中炸成誘人的金黃色，撈起來盛到盤子裡，撒上蔥，然後第三次讓服務生送過去。

沒過多長時間，服務生端著空盤找到湯姆高興地說：「客人滿意極了，他說這是他這輩子吃過最好吃的馬鈴薯，同桌的其他客人也都讚不絕口，他們還要再來一份！」

從此，這道炸馬鈴薯就成了湯姆的招牌菜，許多人慕名前去品嘗，而湯姆也因此一舉成名，成為全度假村最有名的廚師。

著名思想家愛默生建議我們，如果我們將批評比喻為一桶沙子，當它無情地撒向我們時，不妨靜下心來，在看似不合理的要求中，找到自己進步的「金沙」，在批評中尋找成功的機會。

國家圖書館出版品預行編目資料

拒絕內耗，人生很多事都「不值得」！穩定情緒價值 × 理性從容心態……學會與自己對話，不必活成別人期待的模樣！ / 寧可以 編著. -- 第一版. -- 臺北市：財經錢線文化事業有限公司，2025.04
面；　公分
POD 版
ISBN 978-626-408-207-5(平裝)
1.CST: 人生哲學 2.CST: 自我實現 3.CST: 生活指導
191.9　　　　　　114003311

電子書購買

爽讀 APP

臉書

拒絕內耗，人生很多事都「不值得」！穩定情緒價值 × 理性從容心態……學會與自己對話，不必活成別人期待的模樣！

編　　著：寧可以
發 行 人：黃振庭
出 版 者：財經錢線文化事業有限公司
發 行 者：崧燁文化事業有限公司
E-mail：sonbookservice@gmail.com
粉 絲 頁：https://www.facebook.com/sonbookss/
網　　址：https://sonbook.net/
地　　址：台北市中正區重慶南路一段 61 號 8 樓
8F., No.61, Sec. 1, Chongqing S. Rd., Zhongzheng Dist., Taipei City 100, Taiwan
電　　話：(02) 2370-3310　傳真：(02) 2388-1990
印　　刷：京峯數位服務有限公司
律師顧問：廣華律師事務所 張珮琦律師

-版權聲明

本書版權為出版策劃人：孔寧所有授權財經錢線文化事業有限公司獨家發行電子書及繁體書繁體字版。若有其他相關權利及授權需求請與本公司聯繫。
未經書面許可，不得複製、發行。

定　　價：320 元
發行日期：2025 年 04 月第一版
◎本書以 POD 印製